本丛书得到何东先生独资赞助

This series of books is financially supported exclusively
by Mr. Eric Hotung.

20世纪中国文物考古发现与研究丛书

纺织考古

赵 丰 金 琳／著

文 物 出 版 社

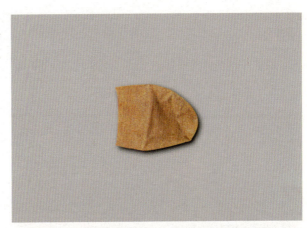

三　湖南长沙马王堆汉墓出土长寿绣黄绢

四　新疆民丰尼
　　雅遗址出土
　　几何纹提花
　　毛织物

五　青海都兰
　　出土红地
　　云珠吉昌
　　太阳神锦

六　内蒙古赤峰耶律羽之墓出土罗地压金山林双鹿彩绣

七　内蒙古集宁路故城遗址出土印金罗夹衫

20 世纪中国文物考古发现与研究丛书

序 / 张文彬

　　俗称"锄头考古学"的田野考古学的诞生以及中国考古学学科体系的基本完善，由此而引起的古物鉴玩观赏著录向科学的文物学的转变，是 20 世纪中国学术与文化界的大事。它从材料与方法两个方面彻底刷新了持续了数千年之久的中国古代史学传统，不但为中国学术界和文化界开拓出更加广阔的研究天地，也为一切关心中华民族悠久历史和灿烂文明的人们不断地提供了可贵的精神滋养和力量源泉。

　　仰古、述古、探古，进而考古，向来为我国传统文化中一个明显的学术特点。先秦时期诸子百家发其端，汉代司马迁撰写《史记》，北魏郦道元作注《水经》。他们对相关的遗迹遗物，尽可能地做到亲自考察和调查，既能辨史又可补史。这种寻根追源的治学态度，为后世学术上的探古、考古树立了榜样。此后，山河间的访古和书斋式的究古相继开展，特别是对古器物的研究，成了唐、宋时期的文化时尚。不少学者热衷于青铜铭文、碑刻、陶文、印章等古文字的考释，进而有了对器物的辨伪鉴定、时代判断、分类命名等，逐渐兴起了一门新的学问——金石学，涌现出许多著名的古器物鉴赏家和收藏家。只是囿于当时的历史条件，金石学家们无法了解所见文物的出土地点和情况，也难以涉及史前时代漫长的演进历程，因而长期以来始终脱离不了考证文字和证经补史的窠臼。即使如此，他们的艰辛努力和取得的成绩，还是为推动我国传统文化的发展起到了积极作用，并且在事实上也为中国考古学和中国文物学的起步铺设了最早的一段道路。

20 世纪初，近代考古学由西方传入。中国学者继承金石学的研究成果，学习并运用西方考古学方法，开始从事田野考古，通过历史物质文化遗存，探寻和认识古代社会，揭示人类社会发展规律。早在 1926 年，中国学者就自行主持山西南部汾河流域的调查和夏县西阴村史前遗址的发掘。随后，我国学者同美国研究机构合作，有计划地发掘周口店遗址，发现了北京猿人。从 1928 年起至 1937 年，连续十五次发掘安阳殷墟遗址，取得了较大收获，引起了国内外学术界的重视。自 20 世纪 50 年代以后，随着国家大规模经济建设的进行，田野考古勘探、调查和科学发掘工作在全国范围内蓬勃有序地开展，许多重要的典型遗址和墓地被揭露出来，重大发现举世瞩目。它们脉络清晰，层位分明，文化相连，不仅弥补了某些地域上的空白，而且衔接了年代上的缺环，为研究中国古代史、文化史、科学史以及其他学科领域，提供了珍贵、丰富的实物资料，极大地影响着人文社会科学诸多学科专业的研究与发展。这段时间被学术界称为中国考古学的黄金时代。在马列主义理论指导下，具有中国特色的考古学理论体系和方法论逐渐形成。有关研究成果不仅极大地改变和丰富了人们对中国文明起源、中国古史发展等重大问题的认识，同时也扩展了中国文物的研究领域和研究方式。可以说，考古学的发展与进步，直接影响到文物学的形成与发展，而且影响到全社会对文化遗产重要作用的认识以及世界学术界对中国古代文明的重新认识。

从 20 世纪 80 年代开始，文物界就中国文物学的创立，逐渐取得共识，在共同探讨的基础上，初步形成了学科体系。不少学者发表了有关论文，出版了专著，就文物的历史价值、科学价值、艺术价值以及在社会主义的物质文明与精神文明建设中如何对文物进行有效保护、合理利用发表意见。这些研究成果已获得学术界的赞同。

在这世纪之交和千年更替之际，对中国考古学和中国文物事业作一次世纪性的回顾和反思，给予科学的总结，是许多学者正在思考和研究的问题。如果能通过梳理 20 世纪以来重大发现和研究成果，透视学科自身成长的历程，从而展望未来发展的方向，以激励后来者继续攀登科学高峰，无疑是一件很有意义的事。为此，经过酝酿、商讨和广泛征求意见，我们约请一批学者（其中有相当多的中青年学者）就自己的专长选择一个专题，独立成篇，由文物出版社编辑出版一套《20 世纪中国文物考古发现与研究丛书》，并以此作为向新世纪的献礼。

从某种意义上说，《20 世纪中国文物考古发现与研究丛书》是一套学科发展史和学术研究史丛书。其内容包括对 20 世纪考古与文物工作概况的综合阐述；对一些重要的考古学文化和古代区域文化研究情况的叙述；对文物考古的专题研究；对重要的文物考古发现、发掘及研究的个例纪实。

此套丛书的内容面广，而且彼此关联。考虑到各选题在某些内容上难免会有重叠或复述，因此在编撰之初，我们要求各选题之间互有侧重，彼此补充，以期为读者了解 20 世纪中国考古学和文物学的发展提供更多的视角。

我国的文物与考古工作，虽在 20 世纪得到了迅速发展，但仍有许多重大学术问题需要进一步探索。我们主持编辑这套丛书，除了强调材料真实，考释有据，写作态度严谨求实外，也不回避以往在工作或研究上曾经产生的纰漏差错和不足之处，以便为今后的工作和研究提供借鉴。虽然我们尽了很大努力，但限于水平，各篇仍很难整齐划一。由于组稿和作者方面的困难和变化，一些计划之中的题目也未能成书。这些不周之处，敬请专家、学者和广大读者批评指正。

在丛书编印过程中，我们得到了文物、考古界的广泛支持。何东先生在出版经费上给予了热情帮助。在此，一并深表感谢。

2000 年 6 月于北京

目　　录

插 图 目 录

前言

纺织考古是 20 世纪随着近代考古学的发展而逐渐形成的一门新兴交叉学科。它是科技考古的一个分支，以考古过程中发现的纺织品、纺织工具或是与纺织相关的图像等为对象进行整理和研究。由于纺织品是一种有机物，在历史遗存中很难被保存下来。同时，对纺织品的研究需要更多的专业知识，这些原因均导致它在考古学中没有得到应有的重视。在 20 世纪的一百年中，中国纺织考古的发现与研究起步较晚，进展也较慢[1]。

（一）外国探险家与纺织考古

20 世纪初，清王朝处于风雨飘摇中，而当时中亚和中国的西北地区是一个政治敏感地区，邻近的印度和阿富汗已成为英国的殖民地，而沙皇势力已越过锡尔河和阿姆河，扩展到了黑海和帕米尔高原。为争霸中亚，争夺势力范围，中国的西北地区出现了外国人的“探险热”。各种名号不一的探险队、考察队纷至沓来。这些探险队来自俄、英、法、德、日、瑞典和美国等不同的国家，其中最有影响的有瑞典的斯文·赫定（Sven Hedin）[2]、英国的斯坦因（A. Stein）[3]、法国的伯希和（Pelliot Paul）、日本大谷探险队的橘瑞超[4]、德国的勒柯克（Le Coq）[5]和美国的亨廷顿（Huntington）等。他们深入

图一　瑞典探险家斯文·赫定

新疆、内蒙古、青海、甘肃的戈壁荒漠中，盗掘了许多古文化遗址，造成了中国文物大量的毁损和流失，其中包括不少纺织品。

1900 年 3 月，瑞典地理学家斯文·赫定得到瑞典国王和百万富翁诺贝尔的资助，决意打通从中亚到西藏的道路（图一）。他和他的考察队在去西藏途中意外发现楼兰古城遗址，获得大批汉文和佉卢文木简残片及不少丝织物。回到欧洲后，他整理了这批文书，才发现此遗址就是汉文书籍中屡次提到的楼兰，从而掀起了一股楼兰探险考察热。

不久，匈裔英国考古学家及地理学家斯坦因开始他的首次

图二　英国考古学家斯坦因

新疆之行（图二）。受命于英国政府，他沿着当年唐代高僧玄
奘西行的路线向亚洲腹地进行了三次（1900~1901年、1906~
1908年、1913~1916年）大规模的探险活动。他在新疆及甘
肃境内最为引人注目的纺织考古发现是尼雅遗址、楼兰故城和
敦煌千佛洞。

　　尼雅遗址位于新疆民丰县北约150公里的尼雅河尽头沙漠
之中，系汉代精绝国。它曾是一个拥有广袤国土的王国，废弃
于公元四五世纪。1901年1月，斯坦因根据当地挖宝人提供
的信息，在当地老乡的引导下，进入了塔克拉玛干大沙漠腹地
的尼雅。他雇用民工四五十人，在遗址里连续工作十六天，取
得了丰硕的成果，发现佉卢文简牍达六百多件。此外，还获取

了带有几何图案的羊毛毡和丝毛织物。楼兰遗址分布于新疆巴音郭楞蒙古自治州若羌县罗布泊南岸，地处中西交通要道，曾经是西域长史的府地。由于罗布泊地区自然环境的变化，曾经繁盛一时的楼兰国也于公元4世纪前后逐渐湮没，成为人迹罕至的不毛之地。自1906年起，斯坦因三次来到楼兰，相继发掘了该城址周围的十几座屋址、寺院和墓地，逐步揭开了楼兰遗址的全貌，并且在不远的墓地中发现了大量的纺织品，如羊毛地毯，写有佉卢文的绢片及各种织锦、绫绮等。最引人注目的是于1930年发现了织有希腊神话中赫密士（Hermes）头像的毛织物残片和带有翼马的毡片（图三、四），它们显然是受到了中西文化交流的影响。

自尼雅、楼兰往东，就是丝绸之路上的另一重镇敦煌。著名的莫高窟就开凿在鸣沙山东麓的断崖上。莫高窟始凿于公元4世纪中叶，到唐代极盛时达到五六百窟。藏经洞位于莫高窟第16窟甬道北壁，晚唐时建造。窟高仅2米，面积不过一丈见方。1900年，当守护于此的道士王圆箓发现该窟时，洞内堆满经卷文书法物。经卷都用绸布包裹，重重叠叠堆放。据今人统计，有四万六千多件从魏晋十六国到北宋时的遗物。藏经洞的发现，使公元7至10世纪大量珍贵文物重见天日，其中包括大量的织绣品，这是当时丝绸之路考古上令人震惊的大事，敦煌学即由此诞生。

1908年，由伯希和带领的法国远征队，也来到藏经洞。伯氏凭借娴熟的汉文和丰富的中国历史知识，对藏品进行认真挑选，尽选有题名和年款的经卷，最后仅以五百两银子就换取了藏经洞中的上品经书、绢本、纸本画六千余件，其中有一百余件丝织品，包括了平纹绢、绫、锦、罗、织成和绣品等。

图三 织有赫密士头像的毛织品残片

深紫色 浅绿色 绿色 浅青色 浅棕色 棕黄色 深红色

图四 翼马纹样毛织品（线图）

吐鲁番盆地有著名的高昌故城，东晋时为高昌郡治，唐时设西州都督府治所，后为西州回鹘王城，它是公元 3 至 10 世纪中国和西方的交通枢纽。斯坦因也曾到过这里，在阿斯塔那墓地获取一件猪头联珠纹锦。但更为有名的是由日本大谷光瑞（净土真宗西本愿寺教派第二十二代长老）派遣的中亚探险队。橘瑞超先后三次（1902～1904 年、1908～1909 年、1910～1914 年）来到这里，主要是在吐鲁番一带调查，特别是对阿斯塔那古墓群进行了盗掘，发现了包括织有"花树对鹿"铭文的联珠纹纬锦等不少丝绸文物。但橘瑞超的发掘比较混乱，许多出土物没有出土地点的记录，给后人的研究带来了极大的麻烦。

1927 年，斯文·赫定又来到中国。他此行目的是为开辟欧洲航线（上海—柏林）进行一次横贯中国内陆的考察。迫于当时中国民主力量的压力，斯文·赫定与中国学术团体协会达成协议，考察由中瑞双方共同组成"中瑞中国西北科学考察团"，中方包括著名考古学家黄文弼和徐旭生等十人，欧洲人有十七名。中瑞西北科学考察团于 1930 年至 1931 年在弱水流域的四十三处汉代遗址进行发掘考察，在烽火台遗址发现了许多丝织品，大多为平纹绢，也有经锦和绫及有关丝绸记载的木简。瑞典人贝格曼在考察内蒙古额济纳河流域十二个汉代遗址时也发现很多丝织品。这些丝织品现藏于瑞典斯德哥尔摩国立人类学博物馆，部分藏于中国国家博物馆。1934 年，他们又在罗布泊地区进行了发掘，出土了绫、绢及彩色地毯等。黄文弼则在罗布泊北岸的汉代古烽火台发现了三只红色鞋子，还有大量汉代丝织品，如彩巾、帕、丝织方枕、纱罗、织锦等残片。

中国西北地区出土的纺织品在欧洲露面之后，引起了西方纺织史学者的极大兴趣。许多人亲自分析和研究了斯坦因和伯希和带去的织物标本，加上科兹洛夫在蒙古诺因乌拉发掘出土的汉代织物，对中国古代纺织品提出了许多基本看法，如对汉锦、唐绫等的认识。许多西方纺织史著作中也收录了有关中国的内容。有些西方学者还从研究丝绸之路的丝织品着手，对上至商周、下到明清时期的纺织品进行了探讨。特别是西尔凡对商代青铜器上的丝织物印痕进行研究后，引起了殷墟的考古者对商代丝织品的仔细观察。如1934年至1935年，对殷墟第十至十一次发掘时，侯家庄西北岗殷墟大墓出土的铜爵、铜瓶、铜戈上有麻纹、席纹，以及显著的细布遗痕和丝绢痕迹，所有这些与纺织相关的蛛丝马迹，都得到了考古工作者的重视。

（二）1949年后的纺织考古

1949年以后，在百废待兴及财力、物力都十分紧张的情况下，我国政府仍非常重视考古文物事业的发展。50年代以后到"文化大革命"前，全国开展了大规模的田野考古和文物普查工作。从新石器时代到明清时期，各个时代的纺织品均有出土，但总体来说是发掘零散，研究有限。较为重要的发掘是新疆地区的晋唐织物和定陵出土的明代冠服。

这一时期，我国的考古重点放在史前、先秦考古，因此有属于新石器时代和商周时期的纺织品出土。这一时期的纺织品由于年代久远，很不容易保存。考古工作者在这些古代遗址和墓葬的考古发掘中，往往只能获得黏附于器物表面（如陶器、青铜器）的纺织物遗痕或织物残片，虽然残存面积极小，却为研究中国纺织科学技术的起源和发展，提供了可靠的实物资料。

五六十年代，在黄河流域和长江流域的史前考古中发掘出很多珍贵的纺织品。1952年，陕西西安属仰韶文化遗址的半坡新石器时代晚期遗址出土的陶器，就有一百余件带有麻布或编织物的痕迹，可见当时已有了平纹、斜纹或绞扭织法和织环混合编织物。比仰韶文化稍晚的龙山文化遗址中，还发现了骨梭和陶制纺轮。骨梭的应用是纺织技术的一个重大进步，说明当时已能用手工纺制纺织品。1959年，在甘肃永靖大何庄、秦魏家属齐家文化的墓葬，以及河南三门峡庙底沟、陕西华县泉护村等黄河中下游新石器时代遗址中，都发现有带粗细麻布纹的陶器。除印痕外，偶然也会有独立的纺织品发现。最有影响的是1958年在浙江湖州属于良渚文化的钱山漾遗址中出土了距今约四千七百五十年的绢片、丝带、丝线及苎麻布残片和细麻绳等。这是当时所知最早的丝织物实物，这一发现在考古界和丝绸界引起强烈反响。

湖南长沙、湖北江陵、河南信阳等春秋、战国时期的墓地也曾是当时的考古重点之一。早在1949年前，长沙陈家大山就曾出土过帛书，子弹库也出土过帛书。50年代初，夏鼐先生曾亲自带领考古人员发掘了长沙附近的大量战国墓葬，其中出土了大量的丝织物，如长沙仰天湖战国墓、五里牌406号墓、左家山15号墓及广济桥5号墓、左家塘44号墓、长沙烈士公园等都曾有绢片、绮、织锦、刺绣等出土。湖北和河南也多次出土过战国时期的丝织品，江陵望山楚墓及信阳楚墓等均出土了丝织物残片。但所有这些工作只是发掘，还谈不上研究。

新疆吐鲁番地区的纺织考古开始于1959年前后。当时新疆的考古人员很偶然地来到了斯坦因当年盗掘过的阿斯塔那墓地进行清理，却意外地发现了大量保存完好的纺织品。另一组人员来到了塔克拉玛干沙漠的南端，也幸运地在斯坦因当年发现的尼雅遗址找到了一座保存完好的男女合葬墓，墓中出土了大量完整如新的丝绸服饰。此外，在新疆阿拉尔还发现了一座回鹘时期的墓葬，其中有不少属于宋代的丝绸服饰。这些发现使中国学者开始了丝绸研究。夏鼐、魏松卿、陈娟娟、武敏等皆是在这一时期开始自己的研究，这也是中国纺织考古研究的开始。

50 年代最为著名的纺织考古工作是明定陵地下玄宫的发掘，其中出土的旷世绝伦的丝织品令世界震惊。这也是 1949 年以来对皇陵进行的第一次有计划的、大规模的科学发掘。当时的发掘委员会成员都是我国考古界的权威人士，如夏鼐、吴晗、郑振铎等。定陵出土的遗物琳琅满目，令人目不暇接。其中最为重要的就是一批数量大、品种全、织造精美的纺织品。这在中外考古发掘史上都是罕见的。其中有一百七十七整匹袍料（包括五十五件织成匹料），以及衣物四百六十七件。值得注意的是袍料上还保留有腰封，即两端印有云龙纹的墨书楷体长方形标签，上面记有织物颜色、纹样、质料、尺寸，有的还标有产地、工匠姓名。因此，这些腰封犹如原始记录。但由于受到当时发掘水平和保护手段的制约，以及后来政治运动的冲击，定陵的许多资料都未能完整地保存下来，并且直到 80 年代才开始整理。

（三）"文革"期间的纺织考古与研究

1966 年开始的"文化大革命"，使我国考古工作受到了极大的干扰，许多重大的考古项目都因此而停顿，大量的文物被当作"四旧"遭到破坏。但是，在周恩来总理的关怀和郭沫若的积极努力下，考古与文物工作是当时各行各业中最先得到重视和恢复的一行。特别是随着湖南长沙马王堆1号汉墓的发掘，我国的考古事业出现了转机，纺织品考古和研究水平有了一个飞跃。

在马王堆汉墓发现之前，新疆吐鲁番地区的考古还在有声有色地进行着。为配合当地的农田水利建设，新疆博物馆于1966年至1969年间四次进入吐鲁番地区，对阿斯塔那墓区进行发掘，共发掘墓葬一百零五座，出土了大量的丝织品。1972年至1975年间，吐鲁番地区的考古工作也还在继续进行，又陆续有一百余座墓葬被发掘。1975年，发掘工作转移到哈拉和卓，又发现了非常精美的丝织品。随着吐鲁番地区考古工作的深入，出土纺织品的研究逐渐受到重视。

1971年底，马王堆1号汉墓被发现。1972年初，经国务院批准，中国科学院考古研究所和湖南省博物馆联合对1号汉墓进行了发掘，墓中出土了大量纺织品。这是一次古代纺织品的空前发现，墓中保存纺织品的色彩、质地、图案等均令人惊叹，在当时引起了轰动。

作为中国科学院考古研究所所长的夏鼐（1910～1985年）本来就是一个丝织品专家。在当时，他已基本上完成了对新疆出土汉唐织物及丝绸之路的研究。虽然后来他没有就马王堆出土的丝织品发表论文，但在整个发掘和研究过程中的指导作用是显而易见的。多年跟随夏鼐从事文物保护与研究工作的王㐀也长期住在长沙。他不仅对整个墓葬中的出土遗物进行了保护，而且对其中的纺织品特别采取了有效的保护措施，著名的素纱襌衣，就是由他揭开并保护下来的。同时，他也对出土纺织品进行了研究，如朱砂染色及两件印花织物等。故宫博物院的织绣专家们也投入到研究和探讨的行列中来，如张宏源等。他们成为最早一批研究马王堆出土丝织品的学者。

马王堆纺织品的发现更吸引了大量来自纺织界的学者。以上海纺织科学研究院高汉玉为首的一个研究小组自上海赶到长沙，从现代纺织技术的角度出发对马王堆纺织品进行了专门的研究。他们采用了大量新技术，如 X 射线衍射、红外光谱等一系列当时对人们来说非常新奇的手段，来测试古代纺织品。这是我国第一次应用现代科学技术对传统纺织技术进行研究，开创了我国纺织史研究的新局面。

考古界、科学史界、纺织界由此开始重视古代纺织品的研究。在日后的发掘中，考古工作者对遗存的纺织品痕迹都进行了研究，如河北满城中山靖王刘胜及其妻窦绾墓、北京丰台区大葆台汉墓和湖北江陵凤凰山 168 号汉墓等，早期的包括妇好墓等出土的商代青铜器上的纺织品印痕。

（四）新时期的纺织考古

近年来，纺织考古取得了丰硕的成果。由于保存状况不同，各地发现的纺织品也显示出不同的特色。特别是湖北江陵马山 1 号楚墓，新疆楼兰遗址、山普拉墓地出土的汉晋织物及营盘和吐鲁番出土的晋唐织物，青海都兰和陕西扶风法门寺出土的唐代织物，福建福州和江西德安出土的南宋织物，内蒙古赤峰地区辽庆州白塔和耶律羽之墓出土的辽代丝织品和元代织物等，都为这一时期的纺织考古研究提供了丰富的资料。

随着全国各地基本建设的展开，一大批古墓和遗址在建设过程中被发现、发掘。典型的例子有湖北江陵马山1号楚墓和江西德安周氏墓等。马山1号楚墓位于楚纪南城范围内，墓虽不大，但其中出土的丝绸极为完好，实属罕见，当时被称为"丝绸宝库"。同一地区的包山大墓等，也是在修建荆沙铁路时发现的。而江西德安周氏墓则是在修建一个羽绒厂水塔时发现的，当地的文博工作人员随即对其进行了清理，发掘出大量的南宋丝绸服饰。

20世纪70年代末，国家在文物保护方面进行了大量的投入，不少重要的文物保护单位得到维修。在维修过程中，不时发现纺织品文物，这样的例子多数发现在宗教建筑中。法门寺唐代地宫和辽庆州白塔天宫中丝绸文物的发现就属于此类情况。由于唐宋时期的佛塔多有地宫和天宫，所以此类发现特别多。但也有更晚的发现，如在对河北沽源平定堡镇萧太后"梳妆楼"进行保护勘察时，就发现了一座随葬有丰富纺织服装的元代贵族墓。

就目前来说，以学术为目的的有计划的发掘还不是很多，但这一情况较多地发生在中外合作项目中，如对楼兰和尼雅等遗址的考古调查就是最好的例子。前者是新疆与日本NHK合作拍摄电视片的产物，而后者则是在日本友人小岛康誉的资助下进行的。这两处遗址均在20世纪初被斯坦因发掘，而在近年重新考察时又发现了大量的丝绸文物，无论是从图案种类还是色彩保存完好程度上均超过当年。

市场经济的观念也给考古界带来了极大的冲击，不法分子的盗掘比任何一个时期来得猖獗，许多重要的大墓被盗掘。在最初一个阶段里，由于纺织品的破损和不易保存，加上有特殊的气味，盗墓分子对纺织品并不很重视。青海都兰热水大墓中的纺织品残片大部分还留在墓道中。被评选为 1992 年中国十大考古新发现之一的内蒙古阿鲁科尔沁旗耶律羽之墓中的纺织品，大多数在盗墓过程中被破坏，但还留于墓中。宁夏的佛塔被炸了，但纺织品还留在里面。到了近年，纺织品越来越受到重视，许多墓中出土的精美绝伦的纺织品或服饰出现在西方古董市场上。

在考古发掘进行的同时，纺织考古研究在近年得到了大大的加强。首先是考古界业内人士积极参与了纺织考古的研究工作，如荆州博物馆的彭浩，新疆文物考古研究所的王炳华、李文瑛，湖南博物馆的陈国安，新疆博物馆的武敏、贾应逸，内蒙古博物馆的夏荷秀，青海文物考古研究所的许新国，中国社会科学院考古所的王岩等。武敏发表了一系列专业性极强的论文，如《吐鲁番出土丝织物中的唐代印染》、《唐代的夹版印花——夹缬》和《吐鲁番出土的蜀锦研究》等。故宫博物院的陈娟娟在研究传世明清丝织品的同时，客串纺织考古研究。中国社会科学院考古所的王㐨和王亚蓉也进行了大量的相关研究。

通过马王堆汉墓走近纺织考古的纺织丝绸界学者至此是一发而不可收，成为这一时期纺织品考古研究最主要的潮流。这一潮流主要来自于上海、杭州和北京。20 世纪 70 年代末，在当时纺织工业部副部长陈维稷的组织下，来自华东纺织工学院、上海纺织科学研究院、北京纺织科学研究所、浙江丝绸工学院和中国科学院自然科学史研究所的学者们，开始共同编写《中国纺织科学技术史（古代部分）》，这是一项极为宏大的工程。几十位专家学者开始了全国范围的调查，对全国的纺织文物进行了摸底，并对许多出土的织物重新作了分析、考证和鉴定，有了许多有意义的发现。《中国纺织科学技术史（古代部分）》于 1984 年正式出版，之后还有英文版问世。在很长一段时间内，此书是唯一的中国纺织史的经典著作。

80 年代后期，一批专业性的博物馆开始筹建，如南通的纺织博物馆，苏州的丝绸博物馆和刺绣博物馆，杭州的中国丝绸博物馆等。专业博物馆的兴建，为纺织考古提供了一支较为专业和稳定的队伍。纺织考古与研究有了一个较好的基础，得到了很大的发展。

注　释

［1］赵丰《丝绸史与考古学》，《丝绸》1987 年第 9 期。
［2］［瑞］斯文·赫定《丝绸之路》（江红等译），新疆人民出版社 1996 年版。
［3］［英］斯坦因《斯坦因西域考古记》（向达译），上海书店 1987 年版。
［4］［日］大谷光瑞等《丝路探险记》（章莹译），新疆人民出版社 1998 年版。
［5］巫新华《德国吐鲁番探险队新疆探险考古综述》，《新疆文物》1999 年第 2 期。

一

早期纺织

我国最早的纺织品出现在新石器时代晚期。在距今7000 至5000 年前，我国黄河流域和长江流域均已出现麻纺织业和丝织业，西北地区则出现了毛织业。从出土实物来看，当时已出现了原始的织造工具和编织工具，能生产出绞编织物、斜编织物和平纹织物。织物的染色也已经出现，说明我国的纺织业在这一时期已达到初步的水平。

商周时期是我国历史跨入文明门槛之后的第一个大发展期，纺织业已有了长足的进步，纺织品在社会中已占有重要的地位。其一，纺织品特别是丝织品已作为贵族的特殊消费品，是穿着者身份、等级的标志。其二，当时的官方均有专门的纺织管理机构，同时也设置大型的纺织作坊进行生产。《周礼》中提到的典丝、染人、掌染草、钟氏和荒氏等官职，均为纺织生产而设，政府还有若干保护蚕桑生产的政规、法令出台。其三，史籍中出现了对纺织和丝绸的记载，《诗经》中则出现了关于纺织生产的咏唱，如"十亩之间兮，桑者闲闲兮"、"萋兮斐兮，成是贝锦"、"东门之池，可以沤麻"等。各种织物的品种有所增加，甲骨文和金文中出现了各种纺织品和纺织色彩的名称。其四，丝绸贸易达到相当水平。勿鼎铭中有"匹马束丝"换五个奴隶的记载，《诗经》中出现"抱布贸丝"者。丝绸之路已通向西方，俄罗斯境内发现早期中国丝绸的实物。另外，纺织业与当时的信仰和原始宗教发生密切关系，其中蚕桑丝绸业甚至有了自己的神——蚕神。

从生产技术角度看，商周时期较新石器时代又有较大进步，开始进行桑树、麻类植物等的人工栽培，纺绩、缫丝、加捻等加工技术也有很大提高，而最为突出的发展是织物种类和刺绣技术的发展。商代已出现几何纹的单层提花织物，甚至是复杂的四经绞罗。西周时出现用重组织织成的提花织物，称为织锦，刺绣中普遍使用锁绣针法，植物染料和媒染技术被广泛应用，朱砂染色的实物在出土实物中也极为常见。因而，这一时期的中国纺织史主要是用考古实物来书写的，出土的纺织遗物成为当时纺织生产发展的最好见证。

（一）最早的纺织品

1. 早期丝织品

中国是丝绸的故乡，而且在很长一个时期内，丝绸为中国所独有。最早发现的中国远古丝绸的见证是山西夏县西阴村的半个茧壳，1926 年由我国考古界前辈李济先生发掘所获。经鉴定，它属于野生的桑蚕茧。此茧现藏台北故宫博物院。

自 20 世纪 20 年代起，西方的田野考古学被正式引入中国，中国人自己主持的近代考古学开始兴起。这时的考古范围主要集中在黄河流域，重点是史前和商周考古。1926 年，清华大学研究院与美国弗里尔美术馆合作，由我国考古界前辈李济先生邀请袁复礼共同进行山西汾河流域的考古调查，并发掘了山西夏县西阴村仰韶文化遗址。这是在中国第一次由中国学者主持进行的考古发掘。在此次发掘中出土了半个蚕茧。翌年，主持此事的李济先生公布了这一令人震惊的发现："我们最有趣的发现是一个半割的、似丝的半个茧壳。用显微镜考察，这茧壳腐蚀了一半，但是仍然发光。那割的部分是极平直的。清华大学生物学教授刘崇乐先生替我看过好几次，他说，他虽不敢断定这就是蚕茧，然而也没有找出必不是蚕茧的证据。与那西阴村现在所养的蚕比较，比那最小的还小一点。这茧埋藏的位置并不在坑的底下，它不像是后来的侵入，因为那一方的土色没有受扰的痕迹，也不会是野蚕偶尔吐的，因为它是经过人工的割裂……"[1]刘崇乐经研究初步断定此为桑蚕茧，茧壳长约 1.36、幅度约 1.04 厘米，是用锐利的刀刃切去茧壳的一部分。1928 年，这半个茧壳经美国 Smithsonia 学院鉴定，确定为蚕茧。然而，此项发现却在学术界引起了长时期的争论。有学者认为这个发现是很靠不住的，大概是后世混入的东西。也有学者认为，西阴村的发现是可靠的，并非仰韶文化中的孤证。日本学者布目顺郎对西阴村的这个蚕茧进行了复原研究，测得原茧长 1.52、茧幅 0.71 厘米，茧壳被割去部分约占全茧的 17%，推断是桑螟茧[2]。但池田宪司却在通过多次考察后认为，这是一种家蚕茧，只是当时的家蚕进化不够，茧形还较小[3]。西阴村遗址的年代约为距今 6000 至 5500 年。半个茧壳的出现为人们研究丝绸起源提供了实物资料。

1958 年，浙江考古工作人员在湖州钱山漾良渚文化遗址中发现了一个竹筐，筐内有一些纺织品及线带之类的实物。经当时浙江纺织研究所及后来的浙江丝绸工学院鉴定，其中部分纤维为麻，部分为丝，从而可以证实其中有绢片、丝线和丝带[4]。这一发现使大家倍感振奋，因为钱山漾遗址的碳十四测定年代为距今 4750 年，这是当时所知最早的丝织物，极为珍贵。蚕桑丝绸界的学者们对这一发现倾注了极大的热情，纷纷对其进行研究。徐辉、区秋明等人通过实验再次确认了纤维的性质，并在《对钱山漾出土丝织品的检验》一文中认为：绸片是由茧丝借助于丝胶黏合成生丝，作经丝和纬丝交织而成的平纹织物。丝带是用几根捻丝再并捻成丝线，辫结而成，贯穿在平纹组织中间的细长带子[5]。后来，考古界有些学者怀疑钱山漾的地层有问题，周匡明又专门调查了考古的经过，发表了《钱山漾残绢片出土的启示》一文，从织物的进步需要一个过程的角度出发，论证了钱山漾绢片出土的合理性[6]。如今，无论是纺织界还是考古界，均已基本承认钱山漾绢片的可靠性。

由于传说中丝绸的发明者是黄帝元妃嫘祖，理论上来说，丝绸应该首先出现在黄河流域。而钱山漾出土的绢片出自长江流域，这使以黄帝为祖先的人们颇感意外。20 世纪 80 年代，由郑州市文物工作队在荥阳市青台村新石器时代遗址进行了较大规模的发掘，其中从第七层及其相关地层中出土了距今 5500 年左右的丝麻织物残片，弥补了这一缺憾。据张松林和高汉玉的观察，在 W164 和 W486 两个瓮棺内发现有丝织物残片。从丝纤维来看，其单茧丝面积为 36～38 平方微米，截面呈三角形，丝线无捻度，是典型的桑蚕丝。从织物结构来看，青台村织物有平纹织制的纱和以两根经丝成组的绞纱织物，称为罗，而且出土的罗还带有浅绛色，应是先经练染再染色的，所用的染料可能是赭铁矿一类[7]。

2. 早期麻葛织品

麻织品在各地均有发现，青台村遗址中也出土了不少麻纱、麻绳和麻布织物。通过对纱线的观察，可以基本确定为大麻纤维。大麻纤维在中国许多新石器时代的遗址中都有发现，在同期的郑州大河村遗址中还发现许多大麻种子。所以学者们认为，

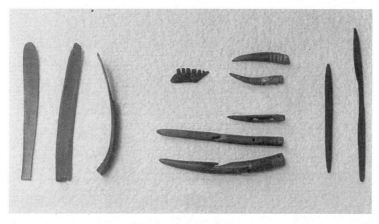

图五　浙江河姆渡遗址出土织机部件

当时的人们已经完全认识大麻，并可能开始进行人工栽培了。

　　但最为有名的是浙江余姚河姆渡遗址。1972年，浙江省博物馆和浙江省文物管理委员会在河姆渡进行了考古发掘。遗址中出土了不少与纺织有关的石制、骨制、木制工具，如陶纺轮、木纬刀、木织轴、骨锥、骨管状针织网，而且还出土了苘麻的双股麻线。

　　河姆渡出土物经中国科学院考古所实验室测定，年代为距今6960±100年，比钱山漾遗址还早2000年左右，说明处于母系氏族公社繁荣时期的河姆渡人，已经开始利用原始织机进行纺织生产了[8]（图五）。

　　麻织物还在众多的陶器上留下了印痕。由于推测当时制陶时可能是将陶器放在布上进行加工，因此有很大一批陶器底部都有明显的布痕。这些布痕大多是平纹组织，但也有少量被认为是绞纱组织。王若愚首先关注此类痕迹，并对其进行了初步的研究[9]。

葛纤维也是早期人们所利用的重要纤维之一。1972 年，在南京博物院发掘的江苏吴县草鞋山新石器遗址第十层文化堆积中，发现了距今约 6000 年的葛布残片。其中有一块呈几何纹暗花的编织残片，地部由两根纬纱纠绞与一根经纱编织而成，花部依靠纬纱的上下穿绕成圈显示，说明葛布在我国新石器时代已有生产。这件葛布残片是迄今为止所发现的最早的葛纤维织品，现藏南京博物院[10]。

3. 商代丝麻织品

商代的纺织品大多是附着在青铜器上保存下来的。商代青铜器出土数量较多，大部分青铜器上都有此类印痕。但由于考古学者的主要兴趣是在青铜器本身，而包裹在外的纺织品遮挡了青铜器的图案，因此在大部分情况下均被清除，因而留存的纺织品印痕并不多。

殷商、西周时期的纺织品，尤其是丝织物大多见于青铜器或泥土的印痕中，出土地点集中在黄河中下游。1949 年后，中国科学院考古研究所安阳工作队即重新开始殷墟的发掘工作。1950 年，在殷墟西北岗王陵区发掘武官村大墓。此墓中出土了带有绢帛痕迹的三件铜戈。

第一个对青铜器上附着的纺织品引起重视的是瑞典人西尔凡，她对收藏在斯德哥尔摩远东博物馆中的两件青铜器进行了观察，发现了重要的纺织品痕迹。在一件青铜钺上，西尔凡发现了平纹地上显回纹图案的丝织物。在另一件青铜甄上，她又发现了几何纹的织物以及刺绣的痕迹。西尔凡对其进行了初步的研究，这一研究为大量研究中国文化的学者所关注[11]。

中国学者对商代青铜器上织物的研究开始于 1949 年以后。1979 年，陈娟娟在故宫博物院旧藏的一些商代玉器及青铜器上

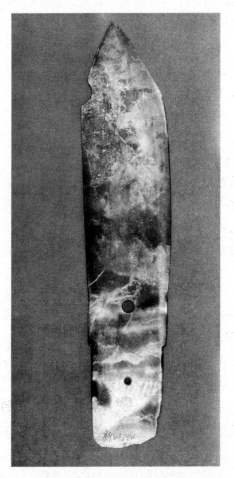

图六 商代玉戈上的雷纹绮印痕

也发现了织物的印痕。特别是在一件玉戈上的雷纹绮印痕，其
白色印痕虽然只是极小一块，但十分清晰，有呈S形的云雷纹
和两侧的斜直线[12]（图六）。除陈娟娟对其进行过基本研究

外，德国的库恩博士也曾对其作过更大循环的推测[13]。赵丰则在仔细分析这一织物印痕的基础上提出了 1 - 2 织法，同时也结合商代玉雕人像上的一些服饰图案，对其更大循环图案进行了推测[14]。

随着商代考古的发展，对青铜器上附着纺织品的研究也越来越受到重视。1973 年，河北藁城台西村商代遗址发掘，上海纺织科学研究院对出土青铜器上的丝织品印痕进行了鉴定[15]。1976 年，考古研究所安阳队发掘了著名的妇好墓，出土的一大批青铜器上均有丝织品的印痕。王𥥆对其进行了非常仔细的研究，并有许多新的发现。在青铜器上附着的不仅有普通的平纹绢和重平组织的缣、提花的绮，更重要的是发现了大孔罗。这种大孔罗事实上就是后来的四经绞罗，有些学者称为链式罗[16]。这说明我国的罗织造工艺早在商代就已发展到极高的水平。1991 年，江西新干大洋洲发现大量商代青铜器，铜器表面也发现有丝织品包裹的痕迹。江西省考古研究所在清除表面的铜锈之前，请中国丝绸博物馆沈筱风等对其丝织品进行了分析鉴定，并选择了其中部分铜器保存织物印痕。经分析，其中大部分织物均为平纹绢[17]。

特别耐人寻味的是，远在福建武夷山白岩崖洞的船棺中也发现了纺织品。船棺中有男尸一具，出土的纺织品均为死者的衣服残片。经上海纺织科学研究院鉴定，有大麻、苎麻、丝、木棉等四种原料。织物的组织均为平纹结构。大麻布有三例，色泽呈棕、土黄、棕黄。苎麻布有一例，呈棕色。丝绸有一例，呈烟色。最为引人注目的是一例棉布。经鉴定，其纤维与南方生长的木棉纤维接近，可确定为木棉织品。由于船棺的年代经碳十四测定为距今 3445 ± 150 年，即相当于商代，人们在使用这一鉴定结果时就显得特别慎重[18]。

4. 西周丝麻织品

西周的纺织品也有很大一部分与青铜器伴出，是直接附着在青铜器上的。较为典型的例子是北京琉璃河出土的西周时期青铜器上的织物。据上海纺织科学研究院和中国丝绸博物馆的分析，其中大部分还是平纹绢，局部地有刺绣的痕迹，但尚不能确定。

陕西宝鸡古称周原，有大量西周时期的墓葬和遗址发现。1975 年，宝鸡茹家庄西周弖伯墓中除出土大量青铜器和玉蚕等遗物外，还发现了一些保留在铜器和泥土上的丝织物刺绣的印痕。据报道，丝织物的印痕主要发现在青铜器上。除平纹之外，还有两种组织值得注意，一种是如同后世一经 1/1 平纹和另一经 3/1 组成的"汉式组织"，另一种是以三上一下一上一下斜纹地上显菱形花的组织。刺绣印痕主要发现于泥土之上，有很鲜艳的朱砂色和石黄两种颜色，明显是采用锁绣的针法。纹样虽已残损，但仍可以看出既有动物的局部，也有如植物的题材[19]。此外，在茹家庄其他西周早期墓中也有不少带纺织品印痕的青铜器出土，其中 1955 年出土的铜剑柄上的印痕为以假纱组织织出的绮。另外，还有一件据说是以纬丝显花的织物。所有这些纺织品的印痕以及大量玉蚕的出土，为周代周原地区丝织业生产研究提供了第一手的材料[20]。

河南信阳地区的孙砦也发现了西周时期的纺织品。纺织品出土于 50 年代，但鉴定直到 80 年代才进行。经鉴定，织物为用绵经、绵纬织成的绅，所有的经纬线均有加捻[21]。1991 年，河南三门峡市上村岭虢国国君虢仲墓中出土了大量青铜礼器和玉器，但同时也出土了一部分纺织品及服饰，其中包括在椁外发现的保存相对完整的两件套穿在一起的合裆麻裤和一片保存完整的矩形领口的麻上衣残片，在棺内则是尸体上的衣服残片及随葬玉饰穿系中残留的一些织物标本。面积虽然不大，但仍可得到绮、绢、组、绣、罗、印绘等六七个种类。王亚蓉对其进行研究后认为，此墓出土的麻裤和丝织残片是首次得到的西周时期的丝麻实物（相对于其他多为印痕），合裆裤亦为现有出土年代最早的裤，使人们对西周纺织及服饰能进行具体研究和探索，并得到崭新的认识。因此，这座墓葬是近年古代服饰研究领域的重大发现[22]。

周代纺织品实物的发现地远较商代广泛。1970 年，在辽宁朝阳西周早期墓中发现了二十多层丝织物。经北京纺织科学研究所分析鉴定，其中发现了平纹经二重织物，而且还不止一层[23]。这种组织与战国、秦汉时期的织锦组织是一致的。这一发现将我国织锦出现的年代从东周提前到西周，并可以与《诗经》中多处提到的"锦衣狐裘"和"贝锦"等记载相印证。

5. 毛织品

毛织物大部分出土在我国西北地区，这一带自古以来就以羊毛为主要纺织材料，同时也有驼毛、牦牛毛、马鬃等。

目前所知最早的毛纤维可能是 1972 年在甘肃永昌鸳鸯池新石器时代墓地 29 号墓中出土的细石管内发现的黄色纤维物。经鉴定为毛质物，年代为公元前 2300 至公元前 2000 年[24]。河北藁城台西村商代遗址也报告出土了一根羊毛纤维。但相当于商周时期重要的毛织物发现主要在青海都兰诺木洪及新疆哈密五堡和焉不拉克、且末扎滚鲁克等地。

1957 年，我国考古工作者在青海都兰诺木洪发掘和收集了大量毛织物，碳十四数据表明其年代在距今 2800 年左右，相当于内地的西周初期。毛织物中以平纹居多，有黄褐或红黄两色相间的条纹织品，也有未染色的素织物，同时还有一片纬重平织物。诺木洪的资料主要发表于《中国纺织科学技术史》[25]。

新疆是毛织品出土最多的地区，其中有一大批墓葬均属于商周到春秋时期。位于哈密五堡的古墓群分布面积达5000平方米，年代测定为距今3200年。自1978年来共发掘了一百余座墓，出土物中重要者有棕地蓝红色条格纹褐、棕色条纹褐长衣、三角纹毛绣残片等[26]。1986年，对哈密焉不拉克墓地也进行了发掘。墓地年代属西周到春秋中晚期，出土了三十件毛织物，其中有平纹和斜纹织物，斜纹组织均为2/2斜纹。此外，还有一件环编织物，与今天针织物中的平纹结构已无区别[27]。1984年，约属春秋、战国时期的吐鲁番鄯善苏巴什（又称苏贝希）古墓葬也出土了不少毛织物，除平纹、斜纹等常见结构外，还有不少环编的发套等。其结构属于挂环结构，与后代制作银丝网络的方法相似[28]。新疆这一时期最重要的毛织物发现是在且末的扎滚鲁克。这一古墓群面积达3.5万平方米，自1985年以来共进行过四次有计划的发掘，其中主要遗存的年代属于公元前8至公元2世纪，包括大量毛织物，保存完好，种类甚多，如普通的平纹、斜纹、毡、环编帽等，还有显花的编织带、羚羊纹毛布、星条纹毛布、动物纹缂毛带（图七）。另外，还有部分织物属于按服饰形状织制的织成。关于扎滚鲁克出土的毛织物，美国学者芭芭拉已进行了极为细致的工作[29]。

对于新疆出土的这一时期的毛织品，除发掘者本身进行过初步的整理研究外，武敏在《织绣》一书中将这些毛织物的结构分为：一是普通的毛织物结构，其中包括平纹和2/2斜纹，

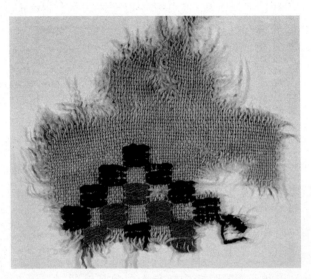

图七　新疆且末扎滚鲁克墓葬出土白地挖花毛织物

后者根据经纬密度的不同，可再分为双面效果不同的单面斜纹和双面效果相同的双面斜纹；二是提花毛织物，基本上都是在平纹地或斜纹地上用挖花的方法进行装饰，只用彩色纬线在局部挖织；较为特殊的是在鄯善鲁克沁三个桥古墓区发现的一件朱红色毛织品残片，采用的是类似于中原绮组织的结构，在毛织物中十分罕见[30]。除织物外，毛织物在这一时期也采用了刺绣和印绘的方法进行装饰。

（二）与纺织品相关文物的发现与研究

1. 蚕纹刻划与蚕业起源

除山西西阴村出土了半个茧壳之外，新石器时代还有不少表现蚕或蛹形象的刻划或雕刻。这些实物对研究中国丝绸的起源均有帮助。

1977 年，浙江余姚河姆渡遗址出土了一件牙雕，当时定为骨盅。牙雕上刻有四对虫形形象，有不少学者将其认作蚕纹，这是目前所知最早的蚕形刻画。结合同一遗址出土的蛾形器或称蝶形器来看，这在一定程度上反映了距今约 6000 年前的河姆渡人对蚕生态的关注[31]。

在距今 5000 年的南北各新石器文化遗址中，类似的发现更加频繁。例如，1921 年安特生在辽宁砂锅屯仰韶文化遗址中，发掘到长数厘米的用大理石制作的蚕形饰；1960 年中国科学院考古所在山西芮城西王村仰韶文化晚期遗址中发现的陶制蚕蛹形装饰。与此同时，河北正定南杨庄仰韶文化遗址也出土了陶质蚕蛹。1963 年，江苏梅堰新石器时代遗址出土的黑陶上也刻有蚕纹。安徽蚌埠市郊吴郢新石器时代遗址中发现的一件陶器底部有被认作是蚕在营茧的形象，因为在蚕体之外有许多直线分布，被认作是蚕在蚕簇中吐丝。即使远在甘肃临洮的冯家坪齐家文化遗址（距今约 4200 年）中，也发现了一件刻有很多蚕形昆虫的双联陶罐。在辽宁与内蒙古交界处的红山文化遗址中，则发现了许多玉蚕。这些或许是边疆地区早期蚕桑活动的见证[32]。

商周时期的玉蚕在大型贵族墓中还是非常多见的。商代玉蚕在安阳附近的商墓中时有所见，但数量往往不多。1953 年，在安阳大司空村殷墟墓中发现了共有七节的白色蚕形玉[33]。1966 年，在山东益都苏埠屯殷代大墓里也发现形态逼真的玉蚕。由此可见，在商代晚期蚕已被普遍饲养。而青铜器上的蚕纹还有争论，有时被学者称为蛇纹或螭纹。周代的玉蚕出土数

图八　山东济阳刘台西周墓出土玉蚕（线图）

量更多。日本学者布目顺郎在《养蚕起源与古代丝绸》一书中，有一章专门讨论蚕的仿造品及蚕纹饰，其中所列举的周代的蚕纹有陕西泾阳高家堡、长安沣西村、宝鸡福临堡，河南睿县辛村，山西长治分水岭，山东临淄郎家庄等[34]，而且往往在一座墓中就有一大批，如陕西宝鸡茹家庄中发现的大量玉蚕，均用作人体的装饰。再如山东济阳刘台西周墓地一座墓中共出土玉蚕二十二个（图八）。玉蚕出土时分布在死者周围，长者达4.6厘米，短者为1.9厘米。山东临淄郎家庄1号墓陪葬坑中出土的玉蚕也有二十九个之多[35]。

　　对早期与蚕形刻划相关的研究多数是关于养蚕起源的，并结合早期的丝织品进行。在这方面，日本学者开始得较早，特别是布目顺郎和吉武成美等在生物学研究的同时，结合考古学的资料，认为中国在新石器时代晚期已可能完成家蚕的驯化。在中国方面，也有许多学者对此产生了兴趣。唐云明在《我国育蚕织绸起源时代初探》一文中介绍了各种新石器时代出土的与蚕有关的遗物，将这一时期定在新石器时代晚期[36]。周匡明在《养蚕起源问题的研究》一文中，根据河姆渡遗址发现的蚕纹牙雕推测，当时的人们已掌握了利用蚕茧的秘密，而钱山漾绢片则说明当时蚕已进入家养时期[37]。魏东在《先秦时期中国养蚕业中心地区的变迁》一文中，根据地下发现材料多集中于江南一带的情况，提出了中国蚕业发轫的中心地区位于长江三角洲[38]。而张松林和高汉玉则认为，新石器时代长江和黄河两大流域的蚕业都已达到相当发达的水平。在研究中国蚕业起源的学者中，最重要的人物是蒋猷龙。他从文献学、民族学、考古学、历史学和遗传学等多角度出发，对蚕业的起源进行了重新的审视，于1978年就提出家蚕的祖先野桑蚕为多化性，其原始型当为多化性，又驯养桑蚕始于不同时期的不同地区，即多中心论。这一论文最初发表于浙江省蚕桑学会学术讨论会上，1982年正式出版，书名为《家蚕的起源与分化》[39]。此后，这一观点在国内外引起了一场争论，日本学者吉武成美最后邀请蒋氏赴日共同研究这一课题，最后观点基本趋同，吉武基本认同了家蚕起源的多化性和多中心论。经过充实和完善的成果《家蚕的起源和分化研究》最后由两人共同于东京大学刊布，译文刊于《农业考古》。

关于蚕业起源的研究多集中于时间和地点问题。1996年，赵丰根据大量史料和出土实物，从另一角度对蚕业起源的动机提出了自己的看法。他认为，中国蚕桑丝绸业起源的契机在于中国独特的文化背景。起初，属于新石器时代早期或中期的先民们对广泛生长于原始桑林之中的蚕产生了浓厚的兴趣。他们观察蚕自卵至蛹并化蛾飞翔的生态变化，把它与人的生死、死后升天（重生）相联系。于是，蚕成了沟通生与死、天与地的引路神，桑树成为羽化升天的工具。人们对蚕桑崇敬有加，在桑林中进行重要祭祀活动。至迟在新石器时代中期，人们开始对蚕加以有意识的饲养与保护，以免人们的通天之路因自然环境或天敌而被阻。因此茧丝的利用，最初的目的是事鬼神。这样的情况一直延续到商或西周，直到春秋、战国时期，随着思想的逐步解放和生产力的进一步提高，丝绸的使用才渐渐普及起来[40]。

2. 骨针与纺轮

骨针与纺轮是两种出土最多的与早期纺织业相关的实物。考古资料证实，早在旧石器时代晚期，人类已经使用骨针。1933 年，距今约 18000 年前的北京山顶洞人遗址中出土了一枚骨针。它是用鲩鱼的眼上骨刮削磨制而成的，保存尚好，长8.2、直径 0.31~0.33 厘米，针尖圆锐，针身略弯而光滑，针孔窄小。出土时，针孔处已残破。根据残存的针眼观察，针眼不是钻制，而是用尖状器刮挖而成的。在很长一段时间内，它是最早的骨针实物[41]。1981 年，辽宁海城小孤山遗址又出土了三支骨针，系用动物肢骨磨制，针眼用对钻方法制成，长度在 6.4~8.2 厘米之间，制作精良。但小孤山遗址的年代更早，距今约 45000 年[42]。

骨针在裴李岗文化、磁山文化和河姆渡等较早期的新石器时代遗址中屡有发现，仅武安磁山遗址就发现三十三支，另有所谓的骨梭针四支。河姆渡遗址出土骨针较多，长短不一，大多精巧细小，长度在 6.4~15.7 厘米之间。山东泰安大汶口文化墓地甚至还出土了用兽骨制成的贮藏针的针管。商周遗址中的出土物仍以骨针为主，但太原晋国赵卿墓中发现青铜针一支，长7厘米，锈蚀严重。值得注意的是湖北江陵包山2号楚墓出土的钢针，针体截面呈圆形，残长8.2厘米。到汉代，这种钢针已较为常见，并经常与针衣伴出[43]。

纺专由拈杆和纺轮两部分组成，但因拈杆一般为木质，不易保存，所以遗址中出土的多是纺轮。纺轮的出现迟于骨针，但在新石器时代晚期的遗址中已有大量发现。在黄河流域如河南密县莪沟裴李岗文化遗址和河北武安磁山文化遗址中都有陶纺轮发现，长江流域的浙江余姚河姆渡遗址中也有出土。仰韶文化与良渚文化遗址中出土的纺轮更多，材料也多种多样，最为精致的是浙江余杭瑶山良渚文化墓地11号墓出土的玉纺专（图九）。它由两部分组成，一是纺轮，白玉质，直径为4.3、孔径为0.6、厚度为0.9厘米；另一个是拈杆，青玉质，杆长16.4厘米，杆截面为圆形，上尖下粗，以便固定纺轮。拈杆尖端处有一小圆孔，可插短木，用作定拈装置[44]。完整的木质纺专在新疆一带汉晋时期的墓葬中出土甚多。另外，还有装这种纺专用的小圆筒出土[45]。

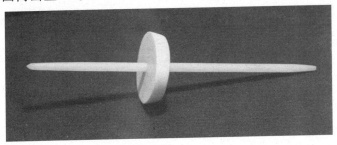

图九　浙江余杭瑶山11号墓出土玉纺专

纺轮虽然简单，但研究者也有各种观点。首先是定名问题。考古界一般只发现纺轮，因此多用纺轮一名，甚至是在发现纺轮与拈杆的时候也将其称为纺轮。新疆尼雅地区发现的木质纺轮，陈维稷在《中国纺织科学技术史（古代部分）》一书中称其为纺坠。赵丰在对良渚出土玉纺轮的考证中称其为纺专，因为专的古字形正是有轮、有杆、有线。王若愚则将普通的纺轮称为纺轮，而将一大批考古学家们称为"网坠"的石球称为纺专，认为纺轮用于纺纱，而纺专用于拈线和并线[46]。至于纺轮的形体变化甚多，罗瑞林从转动惯量等角度对其进行了研究，宋兆麟则从民族学的角度出发探讨了纺专的各种形式和使用方法[47]。

3. 原始织机

原始织机是纺织史上最为简单的织机，通常只靠几根棒组成，一离开经线或是织物就很难区分。因此，寻找原始织机部件是考古中的一大难题。但这方面的学者一般均利用民族学的资料与考古材料结合进行研究，获得不少的成果。

原始织机的研究始于各特征部件的寻找和鉴定，在这一工作中，王若愚、宋兆麟等进行了开创性的工作。宋兆麟最初利用民族学的材料对古代织机进行研究，后来在《考古发现的打纬刀》一文中对许多新石器时代出土的石刀进行了鉴别，认为有不少石刀可以定为是原始织机上的打纬刀[48]。宋兆麟还与牟永抗一起对河姆渡出土的原始织机部件进行了研究[49]。王若愚则对河北藁城出土的原始纺织部件作了分析。但最为重要的原始织机研究，或要数浙江河姆渡、良渚及江西贵溪，云南石寨山等地出土的织机。

河姆渡遗址出土的原始织具历来为纺织史界所关注，至今

已有多种研究方案。最初的方案由宋兆麟与牟永抗提出。这是
一架与现在彝族使用的原始腰机相似的织机，其中有定经杆、
机刀、梭子、布轴、经轴、综杆等，基本上就是一架非常完整
的原始织机。王㸃在《"八角星纹"与史前织机》一文中的复
原则更进一步。他根据新石器时代许多器物上的八角纹，推断
这八角纹就是织机上的胜子的图案，因此，当时的织机一定出
现了机架，而目前所知织机中较为原始的有架织机就是梯架式
织机，再根据河姆渡建筑构件中的榫卯结构来看，这种梯架式
织机的出现完全是有可能的[50]。后来赵丰也对此进行了研究，
提出的方案远较前两者简单，真正能确定为织机部件的只有卷
轴、分经杆、打纬刀和另一类骨匕或木匕状的开口刀，经轴则
可能是一种地桩。

　　赵丰之所以选择简单的复原方案是认为河姆渡织机的水平
不应该超越良渚文化的织机。1986 年，浙江省考古研究所在
杭州余杭反山良渚文化墓地 23 号墓中发现了一整套原始腰机
部件玉饰品，这是新石器时期原始织机最为完整的发现。此套
织机玉饰件共有三对六件（副），出土时对称分布于两侧，相
距约 35 厘米。根据这些玉饰件上的销孔可以知道，中间原有
木质部件存在。从其截面可以推断出这些部件分别应为卷轴、
开口杆和经轴。根据这套织机部件，赵丰复原出以此三个部件
为主的良渚织机，只是添加了必需的定经杆和梭杆[51]（图一
〇）。

　　1978 年至 1979 年间，江西考古工作者在贵溪鱼塘乡仙岩
一带的春秋、战国崖墓中清理出大量纺织品和纺织工具部件。
这批工具虽然已残，但还能看出其属于较为复杂的原始腰机部
件。出土的已定名为纺织工具的部件共计三十四件（副），其

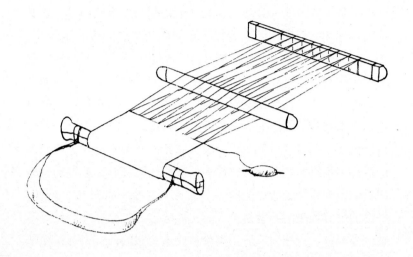

图一〇　良渚织机（复原图）

中有绕纱板三件，齿耙三件，经轴一件，夹布棍两副，刮麻具五件，分经棒一件，清纱刀一件，撑经杆一件，挑经刀一件，弓一件，打纬刀一件，刮胶板（亦有人定为印花具）三件，提综杆两件，杼二件，梭一件，导经棍一件，绕线框一件，引纬杆一件，纺专四件，理经梳二件。这些工具有的用途明显，但有的也不甚明了，较为肯定的可以分成几类：一类与原料生产有关，如刮麻具、刮胶板等；一类与纺纱有关，如纺专、绕纱板、绕线框等；一类似与整经有关，如齿耙、理经梳等；一类是属于织机部件的，如夹布棍、分经棒（绞棒）、打纬刀、导经棍（分经筒）、清纱刀（开口杆）、挑经刀（挑花杆）及引纬杆、杼、梭（引纬工具）和一件原定名为经轴的齿耙状部件。另外，还有一类是不明用途的部件，如原名为弓、撑经杆、提综杆的部件[52]。

注 释

[1] 李济《西阴村史前的遗存》, 清华研究院丛书, 1927 年版。

[2] [日] 布目顺郎《養蚕の起源と古代絹》, 雄山閣, 1979 年版。

[3] [日] 池田憲司《一粒茧に魅せられて》,《季刊中国》1987 年第 10 期。

[4] 浙江省文物管理委员会、浙江省博物馆《吴兴钱山漾遗址第一、二次发掘报告》,《考古学报》1960 年第 2 期。

[5] 徐辉等《对钱山漾出土丝织品的检验》,《丝绸》1981 年第 2 期。

[6] 周匡明《钱山漾残绢片出土的启示》,《文物》1980 年第 1 期。

[7] 张松林、高汉玉《荥阳青台遗址出土丝麻织品观察与研究》,《中原文物》1999 年第 3 期; 高汉玉等《河南青台遗址出土的丝麻织品与古代氏族社会纺织业的发展》,《古今丝绸》1995 年第 1 期。

[8] 浙江省文物管理委员会《河姆渡遗址第一期发掘报告》,《考古学报》1972 年第 2 期。

[9] 王若愚《从台西村出土的商代织物和纺织工具谈当时的纺织》,《文物》1976 年第 6 期。

[10] 南京博物院《江苏吴县草鞋山遗址》,《文物资料丛刊》第 3 期, 1980 年。

[11] Vivi Sylwan, Silk from the Yin Dyasty, BMFEA, No. 9, 1937.

[12] 陈娟娟《两件有丝织品花纹印痕的商代文物》,《文物》1979 年第 12 期。

[13] Dieter Kuhn, The Silk Workshop of the Shang Dynasty,《中国科技史探索》, 上海古籍出版社 1986 年版。

[14] 赵丰《勾连雷纹和 1 – 2 织法》,《古今丝绸》1995 年第 1 期。

[15] 高汉玉等《台西村商代遗址出土的纺织品》,《文物》1976 年第 4 期。

[16] 中国社科院考古研究所《殷墟妇好墓》, 文物出版社 1980 年版。

[17] 沈筱凤等《江西新干大洋洲出土商代青铜器上附着丝织品的鉴定》,《中国丝绸博物馆鉴定报告》第 1 号, 1992 年。

[18] 福建省博物馆等《福建崇安武夷山白岩崖洞墓清理简报》,《文物》1980 年第 6 期。

[19] 李也贞等《有关西周丝织和刺绣的重要发现》,《文物》1976 年第 4 期。

[20] 刘伯茂《我国西周丝织品的生产技术》,《中国纺织科学技术史资料》总第 6 集, 1981 年。

[21] 赵丰《信阳孙砦西周遗址出土丝织物的鉴定》,《华夏考古》1989 年第 2 期。

[22] 王亚蓉《西周出土纺织品文物介绍》, 十三届国际服饰会议, 1994 年, 沈阳。

[23] 赵承泽等《关于西周丝织品(岐山和朝阳出土的)初步探讨》,《北京纺

织》1979 年第 2 期。

[24] 黄展岳《考古纪原：万物的来历》，四川教育出版社 1998 年版。

[25] 青海省文管会等《青海都兰县诺木洪塔里哈遗址调查与试掘》，《考古学报》1963 年第 9 期；陈维稷《中国纺织科学技术史（古代部分）》，科学出版社 1984 版。

[26] 新疆文物局等《新疆文物古迹大观》，新疆美术摄影出版社 1999 年版。

[27] 新疆文物处等《新疆哈密焉不拉克墓地》，《考古学报》1989 年第 3 期。

[28] 吐鲁番地区文管所《新疆鄯善苏巴什古墓》，《考古》1984 年第 1 期；新疆文物考古研究所《鄯善苏贝希 1 号墓地发掘简报》，《新疆文物》1993 年第 4 期。

[29] Elizabeth Wayland Barber, The Munnies of Urumchi, Norton, 1999, New York.

[30] 武敏《织绣》，台湾幼狮文化事业公司 1992 年版。

[31] 浙江省文物管理委员会《河姆渡遗址第二期发掘主要收获》，《文物》1980 年第 5 期。

[32] 郭大顺《玉蚕》，《中国文物世界》总 153 期。

[33] 马得志、周永珍《1953 年安阳大司空村发掘报告》，《考古学报》1951 年第 5 期；中国社科院考古研究所《殷墟发掘报告》（1958～1961 年），文物出版社 1987 年版。

[34] 同 [2]。

[35] 熊建平《试谈刘台西周墓地出土的玉蚕》，《农业考古》1987 年第 1 期。

[36] 唐云明《我国育蚕织绸起源时代初探》，《农业考古》1985 年第 2 期。

[37] 周匡明《养蚕起源问题的研究》，《农业考古》1982 年第 1 期。

[38] 魏东《先秦时期中国养蚕业中心地区的变迁》，《丝绸史研究》1984 年第 1 期。

[39] 蒋猷龙《家蚕的起源与分化》，江苏科技出版社 1982 年版。

[40] 赵丰《丝绸起源的文化契机》，《东南文化》1996 年第 1 期。

[41] 同 [24]。

[42] 王亚蓉《古代服装之刺绣应用》，《锦绣罗衣巧天工》，香港艺术馆 1995 年版。

[43] 同 [24]。

[44] 浙江省文物考古研究所《余杭瑶山良渚文化祭坛遗址发掘简报》，《文物》1988 年第 1 期。

[45] 新疆文物考古研究所《新疆民丰县尼雅遗址 95MN1 号墓地 M8 发掘简报》，《文物》2000 年第 1 期。

[46] 王若愚《纺轮与纺专》，《文物》1980 年第 3 期。

［47］ 宋兆麟《从民族学材料看远古纺轮的形制》，《中国历史博物馆馆刊》总第
　　　8 期，1986 年。

［48］ 宋兆麟《考古发现的打纬刀》，《中国历史博物馆馆刊》总第 7 期，1985 年。

［49］ 宋兆麟、牟永抗《我国远古时期的踞织机：河姆渡文化的纺织技术》，《中
　　　国纺织科学技术史资料》总第 5 集，1981 年。

［50］ 王予《“八角星纹”与史前织机》，J. Int. Assoc. Costume, No. 6, 1989.

［51］ 赵丰《良渚织机复原研究》，《东南文化》1992 年第 2 期。

［52］ 程应林等《江西贵溪崖墓发现一批纺织品和纺织工具》，《中国纺织科学技
　　　术史资料》总第 3 集，1980 年。

二

楚汉纺织

（一）战国、秦汉时期的纺织生产

战国、秦汉是中国历史上空前强大繁荣的时期。秦始皇统一中国后同时实行了货币、文字、度量衡、车轨等方面的统一，汉初又采取休养生息的政策，提倡农桑，轻徭薄赋，鼓励人口增长和土地开垦，使经济得到恢复和发展。作为经济的重要方面，纺织业在战国、秦汉时也得到了空前的发展。

在这一时期，纺织业中最为主要的丝绸生产得到了飞速发展。首先是产地扩大，形成了黄河流域、巴蜀地区和长江中下游三大中心。其中以黄河流域最为重要，首都长安城里的未央宫内设有东、西织室，主要织作以供郊庙之服，一年花费达五千万。此外，还有御府尚方织室，生产锦绣纨绮等各种高档织物。在黄河下游的丝绸织绣生产重地齐鲁也设有官营作坊。齐郡设有三服官，作工数千人，一岁费数巨万。在民间，织绣生产量也十分巨大。王充《论衡·程材篇》记："齐郡世刺绣，恒女无不能。襄邑俗织锦，钝妇无不巧。"从山东、江苏、河南出土的大量汉代纺织画像石上的纺织图来看，当时的纺织生产的确是十分普遍。四川成都自战国时期起，蚕织事业已初具规模，至西汉时更为兴盛，主要以织锦而著称。据称，秦汉时期均在当地设有锦官，专门生产蜀锦以供上用。汉代扬雄《蜀都赋》中提到："尔乃其人，自造其锦，……发扬文采，代转无穷。"在长江中下游地区，纺织业基本上还是以麻织为主，但丝织也开始兴盛起来。特别是长江中游地区出土的丝织品，很有可能是当地生产的。新疆地区使用的纺织纤维主要是羊毛和其他动物毛，这在出土物中已十分常见。

战国、秦汉时期的织绣技术也达到了相当高的水平。从湖北江陵马山 1 号楚墓和湖南长沙马王堆汉墓出土的织绣品来看，当时的织物品种主要是平纹类织物，如光泽极好的纨、普通的绢、极为轻薄的纱。暗花织物中有绞经织物罗、形如杯纹的绮，多彩织物锦中有三色显花的平纹经锦、表面起绒圈的绒圈锦。此外，还有以锁绣针法为主的长寿绣、乘云绣等，以及各种印花织物。

从新疆及河西走廊一带出土的大量东汉时期的毛织品来看，当时毛织品上应用的技法也非常先进，有以编织方法编成的织物，有采用丝织品中织锦、绞纱织物类似的结构，有用毛织品上独有的缂织法和栽绒法制成的缂毛和毛毯等产品，中原传统的锁绣法也被用于毛织物上的装饰。这说明在战国、秦汉时期，我国各族人民已在吸取不同源头的纺织文化因素的基础上创造出了新的品种丰富的纺织品。

战国、秦汉时期是丝绸之路开拓过程中的重要年代。汉武帝时张骞出使西域，使丝绸之路一直延伸到地中海沿岸，中国的丝绸由此被源源不断地运向沿途的国家和地区，从而名扬天下。西汉和东汉织锦中有相当一部分就是发现在丝绸之路沿途的河西走廊、新疆地区或是蒙古的诺因乌拉等地。同时，西方的纺织文化也开始影响中国，使我国纺织品的织造技术和图案设计风格产生了极大的变化。

自战国时期到汉代，中国文化受楚文化的影响很大，纺织品也显示出极强的风格趋同性。此外，这一时期的纺织品中有很大一部分出土于两湖楚地，因此我们将其合并叙述。

（二）楚国丝织品

1. 楚墓中发现的丝织品

由于两湖地区特殊的地理条件，春秋、战国直至西汉初期的纺织品主要出土于这一地区，其他地区所见不多。

早在半个世纪前，湖南长沙子弹库就发现过一座战国时期的墓葬，出土了著名的子弹库帛书[1]。1949 年以后，长沙地区仍是战国时期考古的重要地区。1951 年秋，为配合长沙市的经济建设，夏鼐先生亲自率队到长沙郊外进行以战国到西汉时期为主要目的的考古调查和发掘，共清理了一百余座墓葬，发现了大量战国时期的丝织品，包括绢、锦、绦带、编织物等各种类型。这批织物大部分保存在中国国家博物馆，其中只有小部分得到了研究[2]。长沙地区的战国墓在后来仍继续得到发掘，并陆续有重要的丝织品发现。长沙烈士公园 3 号木椁墓曾发现不少丝绣品，虽然残破，但仍可见凤鸟纹样[3]。1957年，长沙左家塘发掘的一叠丝织品在 70 年代得到了整理，发现了一批保存较好、颜色仍然鲜艳的丝织品，其中大部分为平纹经重组织的织锦，包括深棕地红黄色菱纹锦三块、褐地矩纹锦一块、褐地红黄矩纹锦九块、朱条暗花对龙对凤纹锦两块、褐地双色方格纹锦七块、褐地几何填花燕纹锦一块。此外，还出土绢类织物，其中有一块藕色手帕保存相对完整[4]。1973年，长沙地区子弹库又出土了一些帛画，但没有非常特别的丝织品出土。

图一一　湖北江陵望山楚墓出土动物花卉绢绣纹样（线图）

　　另一个战国丝织品出土的重要地点是湖北荆州地区，这是楚人活动的主要区域，楚国都城纪南城就在这里。1965 年，湖北省文物工作队在江陵望山发掘出土了一批丝织品，包括对兽彩绦锦、动物花卉绢绣和石字纹锦绣，其中石字纹锦绣是一种织绣结合的产物，以经线来固定一组上下波动的纬线，有特殊的视觉效果[5]（图一一）。

　　对于战国丝绸考古来说最为重要的发掘是湖北江陵马山 1 号楚墓，这是战国丝织品的空前的发现，对这一时期丝绸生产技术的研究具有极为重要的价值[6]。1982 年 1 月，江陵马山砖厂在取土时发现一座小型土坑竖穴墓，荆州地区博物馆马上派人进行了清理。墓葬规模虽然不大，但出土的丝织品及服饰却不少，衣服共三十五件，服饰、衾和其他用品所用的织绣种

图一二　江陵马山1号墓出土对凤对龙纹刺绣绵袍及结构图

类达几十种之多，大部分都是前所未见，填补了战国时期丝织品的许多空白。丝织品出土时，中国社会科学院王㐨和王亚蓉前去江陵进行丝织品保护和研究工作。后来，荆州地区博物馆彭浩又对所有丝织品及服饰进行了详细的研究，研究的结果发表于考古报告《江陵马山1号楚墓》一书中[7]（图一二）。

江陵地区的丝绸考古后来又有重大的发现。1986年底至1987年初，由湖北省和荆州、荆门、沙市等省、市、地考古工作者联合组成的荆沙铁路考古队，在荆州城北约20公里处发掘了包山2号墓，俗称包山大冢。整座墓葬保存完好，其中也有大量丝织品出土[8]。

同属春秋、战国时期的丝织品在两湖地区或附近还有不少

图一三　新疆鱼儿沟战国墓出土凤鸟纹刺绣残片

发现。1983 年，属于春秋早期的河南潢川黄君孟夫妇墓中出土了不少丝织品、刺绣残片和麻鞋[9]。1977 年，湖北随县曾侯乙墓也出土了不少丝织品，其中包括锦、绣等重要种类，年代属于战国早期[10]。河南信阳楚墓也有不少杯文绮出土。如此等等，均说明这一地区在春秋、战国时期丝绸考古中的重要地位。

这一时期的丝织品还曾在丝绸之路沿途发现。新疆乌鲁木齐附近的鱼儿沟战国墓中就曾发现过一些刺绣凤鸟纹的残片[11]（图一三）。从风格来看，与两湖地区出土的凤鸟完全一

图一四　俄罗斯巴泽雷克石棺墓出土刺绣纹样（线图）

致。更远的是在俄罗斯巴泽雷克石棺墓中发现了几何纹的平纹经锦、蔓草花鸟纹的刺绣以及其他织物，这无疑是来自中国的产品，但无法确切知道是中原还是两湖。这些织物在这一地区的发现为研究早期丝绸之路，特别是草原丝绸之路提供了极好的资料[12]（图一四）。

2. 楚国丝织品的研究

楚国丝织品的发现引起了学者们极大的关注。考古工作者是最先接触和研究这些丝织品的，因此，最初的研究基本由他们进行。湖南省博物馆的熊传新和荆州地区博物馆的彭浩均曾对当地所出楚国丝绸作过研究，而彭浩由于发掘马山1号墓所出的丝绸数量更多，所进行的研究也就更加广泛，到最后写成《楚人的纺织与服饰》，是对楚国纺织考古的一个总结[13]。尔后，一些技术出身的学者也纷纷投入这一研究。王抒和王亚蓉是以纺织品保护和修复专家身份最早接触马山丝织品的学者，他们的研究成果最终被编入沈从文的《中国历代服饰研究》一书[14]。以高汉玉为首的一群上海纺织专家也热情地投入到古代丝绸的研究中来，他们不仅为马山楚墓出土的纺织品研究提供了帮助，同时也对江陵望山楚墓、随县曾侯乙墓等出土丝织品进行了鉴定。另外，还有一些学者也对出土的部分织物展开了专题性的研究，某些研究还是通过对古代织绣的复制来进行的。因此，春秋、战国时期丝织品的研究已取得了相当辉煌的成果。具体来说，表现在织锦、刺绣、编织、服饰等几个方面。

春秋、战国时期的织锦基本均属平纹经重组织，彭浩依其织造时经线配用的不同颜色，又将其分为二色锦和三色锦两大类。但这并不限制其所用色彩的数量，当时的织工往往采用分区配色的方法，把花纹分作若干区，各区配色不同，因而在一件锦上得到较多的色彩。马山1号墓出土的塔形纹锦、凤鸟凫几何纹锦，长沙左家塘楚墓出土的褐地矩纹锦、朱条暗地对凤

图一五　江陵马山 1 号墓出土舞人动物纹锦纹样（线图）

对龙纹锦等属二色锦中的色彩分区变化，而最具代表性的三色
锦是以大型几何纹为题材的几何纹锦及舞人动物纹锦。以二色
锦为基础作某些组织上的变化而产生的新品种有小菱形纹锦和
十字菱形纹锦。前者采用挂经在小菱形的中心显示出深红色的
"花芯"，后者则采用朱红色浮纬在织物表面跨二十五根经线
在十字形的中心显示"花芯"。张宏源将这种挂经和跨纬的方
法看成是后代妆花技术的前身。

　　楚锦中最为突出的是马山 1 号楚墓出土的舞人动物纹锦
（图一五）。其纹样由舞蹈人物和龙、凤、麒麟等七个单元构
成，横贯全幅。这是目前所见东周时期最大的织锦花纹。此锦
的特殊之处不仅在于其纬向循环通幅，而且在于其一边有图案
程序的错误。这种错误在经向被反复地循环。针对西方某些学
者怀疑中国古代是否存在提花织机的观点，这种错误恰恰提供
了中国提花机存在的证明。但对于这种提花机的机型，学者们
却有不同的看法。德国库恩等认为，中国是用传统的带有花楼
的提花机生产[15]，苏州丝绸博物馆的技术人员则用这样的提
花机织出了同样的舞人动物锦，在一定程度上支持了这一观

点。但是，另有一种观点认为多综多蹑机是用于织制舞人动物锦这样的早期平纹经锦的机型，屠恒贤在对多综多蹑机进行详细调研的基础上，用多综多蹑机复制了舞人动物纹锦，虽然只是一小段，但在理论上已获得了成功[16]。

手工编织是一项广泛采用的传统技术，楚墓出土的绦带一般均用手工编成，其中包括斜编法、环编法、编织法等。编织法被彭浩分为两类。一类是纬线起花绦。它是采用两色或多色丝线作纬线，其中一色用作地纬，织出平纹地，其余各色用作花纬，采用特殊的方法织入。第一种是抛梭法，把花纬在显花部位织入梭口，在其他部位则沉悬于绦的背面，形成浮纬，菱形花卉纹绦属此类织物。第二种是穿绕法，花纬以连续的短浮线压在地组织上面，浮线之间缝隙很小，遮住了地组织。这种织法与后世缂丝采用的通经回纬有些相似，将它当作是妆花的前身，也有人认为这种绦带是织绣结合，边织边绣的工艺。另一类是经线起花绦。它是用经线提花的织造方法在整幅织物上织出若干顺经线方向排列的条带，每条带间有较大的间隙，而且只有纬线，没有经线，故推测其用途可能是剪成绦带使用[17]。

编织带中另一类即彭浩所称的针织绦，它是用一个方向的丝线弯曲成线圈串套而成织物，与现代的针织物概念基本相同，只是其组织结构有的十分复杂，往往在现代的针织机上无法完成，而手工却可以做得很好。根据组织结构的不同，彭浩将其分成横向连接组织绦和复合组织绦。春秋、战国时期的针织品有过两次重要的发现，第一次是 1954 年在长沙 406 号墓中，第二次是在江陵马山 1 号楚墓中。这一研究成果非常重要，被写入了《中国大百科全书》的纺织卷，引起了人们的注意[18]。包铭新和赵丰分别对其进行了研究。在赵丰的研究中，

图一六　江陵马山 1 号墓出土龙凤相蟠绣纹样（线图）

将其称为环编法，认为它是借织物为地、用针引线进行穿绕而编织的一种装饰方法。这种方法与其看作是针织法，不如看作是当时锁绣技术的一种衍生[19]。

春秋、战国时期的刺绣均为锁绣，技法单一，偶有平绣和钉线绣。但其图案却极为奇特，构图自由，线条流畅。大多数绣品以凤鸟、龙和花草构成各种不同的纹样。凤鸟和龙的形状怪异，花草枝蔓则多用作间隔或衬托，构图活泼、多样，无拘无束。彭浩在研究马山出土刺绣时对纹样作了深入的分析，如凤鸟原是作为风神出现的，风有四方风之称，与一年四季相联系，四季交替，气候变化，风神也就各不相同，因而也就产生了种种的凤鸟形象。战国时期绣品纹样上大量出现的凤鸟纹，也是这种信仰的延续与演化。一凤二龙（蛇）相蟠纹和凤鸟践蛇纹（图一六），实际上是《山海经》所记"开明西有凤凰鸾鸟，皆载蛇、践蛇，膺有赤蛇"古老传说的具象化。龙凤相蟠纹与古籍所记黄帝"合鬼神于西泰山之上"，"腾蛇伏地，凤皇覆上"大致相似。至于"三头鸟"形的凤既是夏五月的神像，又是南方的象征。

（三）西汉纺织品

1. 纺织品的发现

最为著名西汉纺织品的发现无疑要数湖南长沙马王堆1号墓了。马王堆位于长沙市东郊，传为五代十国时楚王马殷的墓地，因此称为马王堆。1971年底，马王堆1号汉墓在当地医院挖掘地道时被发现。1972年初，经国务院批准，中国科学院考古研究所和湖南省博物馆联合对1号汉墓进行了发掘，并确定了墓主人为长沙国丞相轪侯利仓的夫人辛追，下葬年代为汉文帝十二年（公元前168年）。而同在马王堆墓区的2号墓和3号墓的主人则是先于辛追而死的丈夫及儿子[20]。

三座墓中以1号墓保存最为完好，出土遗物三千多件，其中包括丝织品及服饰一百余件。出土纺织品主要随葬于两处。一是穿着于女尸身上的丝质服饰。女尸身着丝绵袍和麻布单衣，

图一七 湖南长沙马王堆 1 号墓出土杯纹罗

脚穿青丝履，面盖酱色锦帕，两臂和两脚被用丝带捆扎起来。然后包裹十八层衣衾，扎九道组带，再覆盖两件丝绵袍。其余纺织品主要出自边箱的几个竹笥中，除十五件十分完整的单、夹绵袍及裙、袜、手套、香囊等服饰外，还有四十六卷单幅的绢、纱、绮、罗、锦和绣品（图一七）。3 号墓中也出土了不少纺织品，种类与1号墓相近，但其保存状况却不如1号墓。两墓之中还有大量帛画与帛书出土，也可以看作是纺织品的一种特殊使用。

与马王堆汉墓的等级或是地理位置较为接近并出土有纺织品的西汉墓，还有河北满城中山靖王刘胜及其妻窦绾墓[21]、广州象岗南越王墓[22]、北京丰台区大葆台汉墓[23]和湖北江陵凤凰山168号汉墓[24]。中山靖王墓于1968年由中国科学院考古研究所和河北省文物工作队共同发掘，墓主人刘胜于景帝前元三年（公元前154年）立为中山王，死于武帝元鼎四年（公元前113年）。墓中出土不少纺织品残片，但均不完整。大葆台汉墓的墓主人可能是死于汉元帝初元四年（公元前45年）的广阳顷王刘建及其妻。此墓由北京市文物工作队等单位于1974年至1975年进行发掘。墓葬在发掘前已遭盗掘，但还是发现大量遗物，其中包括部分纺织品残片。广州南越王赵佗墓于1983年发掘，其西耳室西端出土有大量的整匹、整卷的丝织品，可惜已全部炭化。但从其组织结构来看，织物品种与长沙马王堆出土者有不少一致处。这不仅说明了两墓的年代相近，而且还说明了长沙国与南越国之间互市及纺织品交流情况的存在。

较以上更近的西汉墓是1975年发掘的湖北江陵纪南城内的凤凰山汉墓。墓主人遂少言为男性，爵至五大夫，官位不算显赫，葬于文帝十三年（公元前167年），与马王堆1号墓的年代十分接近。此墓中也出土了不少纺织品，特别是织锦，其中有不少与马王堆1号墓和3号墓出土者十分相像。尸体的保存也相当完好。但由于有马王堆的发掘在前，凤凰山汉墓的影响不及马王堆1号墓。

图一八 江苏东海尹湾 2 号墓出土缯绣衾（局部）

　　除此以外，近年来也有一些小型的西汉墓葬出土，并发现
了若干丝织品。1985 年，河北省文物研究所和张家口地区文
化局联合组成考古队，对河北阳原三汾沟的汉墓群进行了发
掘，其中可断代为西汉晚期的 9 号墓中出土了不少丝织品残
片，但较为完整的只有一件云气龙纹绣片，似为镜囊[25]。汉
代的刺绣在江苏东海尹湾汉墓和神居山汉墓中也有发现，风格
与马王堆汉墓中出土的刺绣十分相似，其中尹湾汉墓中出土的
缯绣尤为难得[26]（图一八）。

2. 丝织品和织造技术的研究

　　大量西汉丝织品的出土，特别是马王堆的发现，为汉代纺
织品的研究带来了新的契机，甚至可以说是带来了中国古代纺
织品研究的春天。马王堆出土丝织品的种类非常多，有锦

（包括绒圈锦）、罗、绮、纱、绉纱、绢及编织而成的绦带等，但其中特别引起人们注意的是绒圈锦、罗、绮及绦带等。大葆台汉墓出土的组也引起了学者的重视。

北京故宫博物院设有织绣组并有专门的织绣专家，他们成为研究马王堆出土丝织品最早的一批学者。张宏源首先谈论了马王堆织物中的绒圈锦（张称为起毛锦）和罗织物两种重要的织物种类。其中罗织物在其他汉墓中也有发现，但绒圈锦却是第一次发现。张宏源将其与《急就篇》中的"毛"相联系，根据《广韵》注云："绢帛毛起如刺也"。绒圈锦就是这种起毛的锦。张宏源分析的绒圈锦大约有三种：一种是 65 - 1 香囊底所饰起毛锦，花纹单元较小，绒圈较短；二是 6 - 3 织物花纹单元较大，绒圈有长有短；三为 357 - 5 丝绵袍边饰，在暗花地上起绒圈花，花纹单元大，绒圈整齐[27]。绒圈锦的问题提出后一直是我国纺织史学者讨论的一个重点，很多学者都曾涉足这一领域。

首先是绒圈锦的制作方法问题。以上海纺织科学研究院高汉玉为首的一个研究小组从现代纺织技术的角度出发，对马王堆出土纺织品进行了专门的研究，这是我国第一次应用现代科学技术对传统纺织技术进行的一次研究，开创了我国纺织史研究中的一个新的局面，其中对绒圈锦的研究可以看作是一个典型的范例[28]。

上海研究小组所确定的绒圈锦也有三种，即 N6 - 1、65 - 1 和 N6 - 2（图一九），与张宏源所说三种大同小异。他们仔细分析了织物的组织，认为这是一种由地纹经Ⅰ、底经、绒圈经和地纹经Ⅱ四根经丝为一组组成的经显花起绒组织。其中绒圈经在局部专门与假织纬交织，织后抽去假织纬，就形成了绒

图一九　马王堆1号墓出土绒圈锦

圈。但这种绒圈一般均越过数根纬丝后凸起，与后世绒织物中
的绒圈并不一样。上海研究小组还推测了绒圈锦的上机装造工
艺，采用一种与明清时期流行的束综式提花机相似的织机进行
织造。若干年以后，南京云锦研究所试验用这种束综提花机织
造绒圈锦，获得了成功。不过，后者对绒圈锦的组织分析却与
上海小组不完全一样。他们所采用的组织结构，与上海小组所
谓的凸纹锦一致。

　　事实上，绒圈锦并非在马王堆首次发现，在甘肃磨咀子汉
墓及蒙古诺因乌拉汉墓出土的纺织品中也有发现。俄国陆柏

（又译为鲁博·雷斯尼钦科）博士早在 1961 年就已对此进行了初步的研究："从古墓 15 号出土的标本 14029 在与其他经锦具有完全一致的交织结构的同时有着一个基本的差别，这就是其图案呈浮雕状。其可能产生的方法是将这一经丝在图案处放松，过后再将其与纬丝织紧，结果丝线就呈现环状，并由纬丝固结。由此，织物上的装饰不仅可以由色彩来显现，而且可以通过浮纹。"[29] 陆柏的研究并没有说明是否使用假织纬，但指出其组织与其他经锦是完全相同的。因此，国外的古代纺织技术专家也分析了此类织物。特别是加拿大的柏恩汉在研究后得出了这样的结论：此类织物并非由中国专家所说的束综提花机所生产，其绒圈部分的图案是由手工挑花的方法达到的。这大大地超出了中国学者的思维范畴，但夏鼐先生还是接受了这一观点，并将其写进了生前最后一部著作《中国文明的起源》一书中[30]。

其次是绒圈锦与中国起绒织物的关系。不少中国学者在发现了绒圈锦以后就将其与绒类织物联系，有的认为中国的起绒织物早在汉代就已出现，有的则将绒圈锦看成是中国起绒织物的源头。如赵承泽将马王堆和磨咀子出土的绒圈锦，理所当然地看作是绒类织物："起绒织物根据其起绒方式，可以分为两类：一类是开毛的，一类是不开毛的。马王堆和磨咀子出土的，都属于后者"[31]。而上海研究小组的结论认为，"绒圈锦是我国最早发明创造的绒类织物，是纹锦的重要发展，它为后世的漳绒、天鹅绒等织物发展，创造了良好的技术条件。过去有人认为我国的绒类织物自明代以后才有，或是从国外传入的说法，是没有根据的"[32]。

但也有学者在研究了绒圈锦的结构后指出绒圈锦并不属于

真正的起绒织物，因为它没有完整的由纬丝夹固的绒圈，并将其与中国后世的绒织物脱钩。包铭新指出："事实上，它们虽然有某些共同点（都是多彩起绒提花丝织物），但两者之间也存在着本质上的差异。……从两汉至明代的近两千年间，没有什么文献或实物可以证明任何介于绒圈锦与漳缎之间的过渡物的存在。我们认为，这两者之间没有直接的因袭关系。"[33]在国外，大多数学者的观点与此接近。如 Lotus Stack 在其 Piled Art 一书中指明了绒圈锦组织与真正绒组织的区别，而自汉至明一千多年的空白也说明了后世中国绒织物与绒圈锦无关[34]。现在看来，这一观点是较为客观而公正的。

关于汉代纹罗的织造技术，一直为中外学者所关注。主要原因是这种罗织物属于极为复杂的四经绞罗，早在商代可能就已出现，到战国、秦汉时达到极盛，并一直延续到元明。因此，日本学者早在复制正仓院所藏罗织物时就已展开了对此类罗织物的研究。

中国学者关于罗织物的研究见于以纺织技术为背景的一群学者。在陈维稷《中国纺织科学技术史（古代部分）》一书中，作者从理论上探讨了四经绞罗的织制方法[35]。后来，苏州丝绸博物馆又进行了试织，但只是局限于素罗，尚未进行纹罗的试织。另外，丹麦学者也进行了此类纹罗的复制研究，基本上解决了提花方法的推测[36]。上海研究小组在研究马王堆出土纹罗时也提出了类似方法[37]。但不同的是，中国学者采用的提花图阶与西方学者提出的不同，西方学者认为中国古代织物均采用 2 - 2 织法，而且是用多综杆挑花进行，而中国学者则认为，纹罗可以在束综提花机上进行，并采用任意的图阶。

在丝织品中还有纱、缣等素织物，虽然简单，但也引起了人们的重视。马王堆出土的素纱禅衣总重49克，面料薄如蝉翼，用约11旦尼尔的丝以平纹制成，但由于丝线经加拈，因此织物的效果稍有起绉，如同绉纱[38]。对于素纱的制作方法，人们只是较多地进行了探索，但除马王堆发掘报告外，尚无正式的成果发表。

汉墓出土丝织品中还有一类编织物引起人们的兴趣。此类带子早在战国墓中就已出现，到汉代十分常见。学者们对其中的两种进行了较为深入的研究，一种是马王堆出土的“千金”绦，另一种是在满城汉墓和大葆台汉墓出土的组带。“千金”绦其实是一种斜编织物，由两组与绦带方向成斜角的丝线编织而成，宽仅0.9厘米。马王堆出土的“千金”绦共有两种，一种为丝质，一种为麻质，但结构相同。丝质“千金”绦由绛红色、白色、黑色三种色彩的丝线编成，按一定规律排列。其组织结构相当于双层平纹组织，通过表里平纹组织的换层织出“千金”两字及波折纹和雷纹。素地斜编绦带在湖北江陵马山楚墓中已经出现，而马王堆出土的带“千金”字样及其他几何纹样的斜编绦带反映了这一编织技术的发展[39]。

更为令人惊叹的是另一种组带，马王堆汉墓中也有出土，但当时没有人进行研究，一直到满城和大葆台汉墓的研究过程中，王抒和王亚蓉才对其作了研究，并复原了组带编织的工艺过程。这种组带可以说是在斜编的基础上发展起来的。它也用两组与组带方向成45度斜角的丝线进行编织，但每组中有两根丝线本身绞转，两组的丝线又相互穿越进行编织，最后成为组带[40]。其实，这种组带也有两种形式，一种称为标准形式，在马王堆和满城汉墓中有出土；另一种则是特殊形式，出土于大葆台汉墓，结构更为复杂，称为复式组带。此类组带在日本被称为汉组或唐组,是从中国传入日本的,在日本公元3世纪的遗址中有出土,正仓院亦有保存。日本同行对此进行过较多的研究。但大葆台出土的这种复式组带不多见,其研究结果是首次发表。同时,研究者还发现,在大葆台汉墓中出土的漆丽纱冠也是用同样的方法制成,这对一般认识中的漆丽纱冠由方孔纱制成的观点作了修正。王亚蓉分析这种组带被广泛用于冠饰的原因是组带的结构有一定的变形性,适合于发饰或冠饰等较为特殊的形状。

3. 印染技术的研究

在出土纺织品中取样进行染料及印染技术的研究,是基于现代科学技术的一种新的方法,这种方法在中国第一次被应用于马王堆出土织物的研究。上海研究小组在对马王堆出土织物染色染料和印花颜料进行研究后,得出了极有价值的结论。

目前所知唯一一种被用于织物染色的矿物颜料是朱砂(即硫化汞),这种颜料大量出现在汉代的织物上。马王堆出土织物中,有许多朱红色的罗织物染色均采用此类颜料。上海的研究人员用发射光谱定性分析法、硫化银的定性分析法、X射线衍射法等方法进行了测定,最后得出的结论是朱砂染色产品。根据织物染色的表面情况观察,这种朱红颜料染得细而均匀,可见其朱砂颜料制作的技术在西汉时已十分成熟。王㐨以马王堆出土的朱染织物为标本,参照民间有关传统染色工艺和散见于文献的资料,并用模拟实验对朱砂染色专门进行了研究。最后的结论是当时可能已采用了用杵臼研磨朱砂颜料、用干性油为黏合剂、用鸡蛋黄作乳化剂进行的染色工艺,实验所得结果也与马王堆出土织物一致。这是目前所知对朱砂染色最为深入的研究[41]。

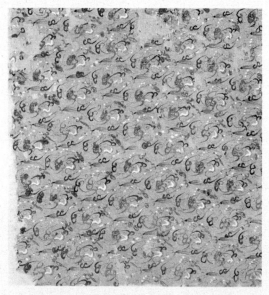

图二〇　马王堆 1 号墓出土印花敷彩纱

　　马王堆织物染色中的大部分染料为植物染料，上海研究小组主要采用薄层色谱法、紫外光谱法、色泽反映法等方法对提取后的色素进行测定，结果是：其蓝青色素为靛蓝、深红色素为茜草、黄色染料为栀子。他们还用发射光谱测定了其中的金属元素，其中茜草染色织物以钙、磷、铝三种元素为多，说明当时可能使用了钙铝络合物作为媒染剂，而栀子染织物中以铝、硅为多，说明当时使用的媒染剂可能是属于矾土一类的矿物。这为研究汉代染色技术提供了极好的资料[42]。

　　马王堆汉墓中除染色织物外，还发现有印花织物，共两类，一类是印花敷彩纱（图二〇），另一类是金银色印花纱。前者是在型版印花的基础上添加敷彩，后者由三套印花板套色

图二一 广东广州南越王墓出土印花版

印成。这是目前发现的中国最早的印花织物，因此引起了人们极大的关注。

上海研究小组首先对印花所用的颜料进行了分析。印花敷彩纱中保存较好的色彩共有四种，除朱红色为朱砂外，银灰色为硫化铅，白色为绢云母，黑色为墨。而金银色印花纱的色彩有三种，为银白色的分格纹、白色的主面纹和迭山形的金色小圆点纹，但尚未对其进行原料分析[43]。

对于印花织物，人们较为关注的是印花的版型。1979 年，王㐨首先发表了对马王堆印花工艺的研究，认为两种印花织物采用了不同类型的印花版。印花敷彩纱共有六套彩色，其中第一套藤蔓底纹采用镂空版印制，其余几套纹样均为手绘敷彩，因此称为印花敷彩纱。王㐨还将其与甘肃武威磨咀子出土的汉代印花织物相比较，认为同样都是用镂空版进行印花的[44]。上海研究小组在后来发表的结论中同样称其为印花敷彩纱，但与此稍有不同的是认为此件织物所用印花版为凸纹版印花。对于马王堆出土的另一件金银色印花纱，王㐨认为采用的是凸版印花，并推测版质可能为包括青铜在内的金属材质。这一点得到了上海研究小组的认同，并在日后进行的广州南越王墓的考古中得到了证实。

南越王墓中所出土的青铜印花版一大、一小，为青铜质，版型极薄，正面铸出十分薄锐的对称凸纹，背面有穿孔纽，便于握持或穿系（图二一）。出土这两件印花凸版的南越王墓西耳室，是堆放大量整卷、整匹丝织品的冥库，其中有少量残留印花纱的图案与出土青铜版上的纹样完全一致。更巧的是，这套印花版上的图案与马王堆出土的金银色印花纱也几乎完全相同。这证实了王㐨与上海研究小组结论的正确性[45]。

（四）东汉纺织品

1. 纺织品的发现

在甘肃境内，有不少遗址和墓葬均有汉代织物出土。斯坦因早年就在甘肃与内蒙古相接处的额济纳河居延塞烽燧遗址中发现了大量丝织物，年代均定为汉代。1979 年，甘肃省博物馆文物队又在位于敦煌附近的马圈湾烽燧遗址发现了不少属于西汉时期的织物。织物大量为毛织品，也有少量的丝绸，其中包括云气菱纹锦残片和大量绢织物[46]。而更为大量的发现是在武威磨咀子出土的西汉晚期到东汉中期的纺织品，其中属于西汉晚期的 48 号墓、属于王莽时期的 62 号墓和属于东汉中期的 49 号墓均出土了丝织品。最为重要的是 62 号墓，出土各种绢、纱、菱纹罗、绒圈锦、丝带及红色人字轧纹绨等[47]。

属于这一时期最为重要的发现是蒙古诺因乌拉匈奴墓出土的织物。诺因乌拉位于蒙古国中央省色楞格河畔，山上有一个属于公元前 1 世纪到公元 1 世纪的墓葬群。1924 年至 1925 年，

图二二　新疆洛浦山普拉墓葬出土树叶纹栽绒毛鞍毯

首先由俄国考古学家科兹洛夫开始发掘。在这次发掘中发现了一座大型的匈奴贵族墓，其中出土大量来自我国中原地区的织物。这批资料最初由日本学者梅原末治整理发表，其中的衣裳与织物中包括大量锦绣制品，锦类列名者有山岳双禽树木纹锦、云气神仙纹"新神灵"锦、织有"颂昌万岁宜子孙"的云岳禽纹锦、织有"威山"铭文的兽华云纹锦、云岳禽兽纹锦裂、织有"游成君时于意"的禽形华纹锦、禽鸟菱形纹锦、草样华纹锦断片、双鱼纹锦等。从种类来看，大多数为中原常见的二色及三色锦，但是也有绒圈锦等种类。从墓中出土有汉建平五年（公元前2年）的漆器及大多数织物风格来看，墓中所出织物的年代当属西汉、东汉之际[48]。

此外，位于新疆塔克拉玛干大沙漠南道的民丰尼雅、洛浦山普拉、若羌楼兰等地，虽然从年代看多属魏晋时期遗址、墓葬，但通过比较其纺织品与诺因乌拉出土物，还可以发现其中有一大部分为汉代织物（图二二），或至少是带有明显汉代风格的织物，如尼雅遗址 1 号墓出土的"王侯合昏千秋万岁宜子孙"锦被和 8 号墓出土的"五星出东方利中国"锦护膊。据俞伟超研究，这两件织物均应为汉代皇家作坊产品，当为中原统治者给尼雅当地统治者的赐物。因此，应为东汉织锦。再如楼兰遗址出土织锦中的双鱼纹锦在诺因乌拉也有出土，而其"广山"锦，则与诺因乌拉所出"威山"锦如出一辙。因此可以推论，楼兰遗址出土织锦中也有相当一部分为东汉织锦。但由于楼兰和尼雅遗址的废弃年代是在西晋时期，故此确实非常难以区分东汉织锦与魏晋织锦的不同。

2. 丝织品的研究

对于东汉丝织品的研究最初始于对诺因乌拉及楼兰出土织锦的研究，在这方面一直是以国外学者为主。

斯坦因带走的织物在西方很快得到了研究，其中最为详细的要数瑞典人西尔凡。她在 1949 年出版的《额济纳河和罗布淖尔出土的丝织物研究》中，较为详细地对斯坦因在楼兰遗址和额济纳河发现的各种织物包括织锦、绮、罗等进行了技术上的分类，并对其艺术风格也进行了探讨。可以说，这是当时对东汉织物最为完整和科学的研究[49]。此外，蒙古诺因乌拉的丝织品在发现后也很快地得到了日本梅原末治的初步整理和研究[50]。

60 年代以后，法国的里布夫人（Krishna Riboud）和俄国的陆柏博士对汉代织物的研究进行了大量的工作。里布夫人是法籍印度人，由于其特殊的地位，对新德里及伦敦大英博物馆所藏斯坦因掠去的丝织品有机会进行考察，而陆柏也可以对圣彼得堡爱米塔什博物馆所藏诺因乌拉出土的汉代织物进行研究。因此，他们或独立或合作地对中国的汉代织物进行了大量的研究，成果为世人瞩目。里布夫人的研究成果可以集中体现在《汉代织物的深入考察》一文中[51]，而陆柏的成果则是《爱米塔什博物馆所藏公元前5世纪至公元3世纪的中国古代纺织品和刺绣》（简称《中国古代纺织品与刺绣》）[52]。此后，随着新疆地区考古的发展，他们又继续发表论文，向海外介绍中国这一时期的考古新发现。如在尼雅古墓的第一次发掘之后，里布夫人发表了《近年在不同遗址上发现的极为相似的汉代显花丝织物》，对1959年的发现进行了介绍[53]。1987年，里布夫人又将1979年至1980年间进行的楼兰考古中发现的丝织品，以《中国湮埋的过去》为名作了介绍，并将这项新疆考古队的工作发现与八十年前斯坦因的发现相比较[54]。

中国学者对这一时期汉代纺织品的研究同样也是随着考古发现而进行的。在1959年第一次在尼雅发现丝织品之后，新疆博物馆的武敏对其进行了初步的整理和探讨，这应是中国学者对东汉丝织品的第一次较为全面的整理。此后，我国考古界的重要人物夏鼐也投入了对汉代织物的研究，发表了《新疆新发现的古代丝织品——绮、锦、刺绣》一文，将东汉丝织品的种类主要定为锦、绮和绣三类[55]。

东汉织锦从原理上来看，与西汉织锦并无太大区别，均为平纹经锦，但是东汉织锦的经密非常大，一般每厘米为40～60副（副是夏鼐所起的名称）。因此，二色汉锦（1∶1）的经密可达100根/厘米，三色汉锦（1∶2）的经密则为约150

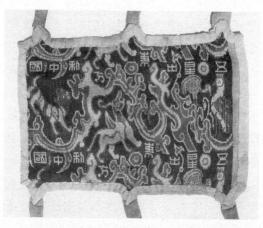

图二三　民丰尼雅遗址出土"五星出东方利中国"锦

根/厘米。如果需要更多色彩，则可将色彩分区，每一区中的色彩一般也是四色以下。但从80年代以后尼雅出土的织锦来看，织锦中也有织物通幅为一区，一区之中为五色锦的情况，如著名的"五星出东方利中国"锦（图二三），就是用表里经比为1∶4的织锦。这件织锦的经密多达每厘米220根。然而，经密最大的一件要数诺因乌拉出土的山石鸟树纹锦。这件织锦现藏爱米塔什博物馆。经法国著名纺织史专家维亚尔（G. Vial）分析，此锦的表里经之比一般为1∶3，局部达到1∶5，也就是说，此锦的经密较"五星出东方"锦更密，织造的难度更大。

　　绮是单色的提花织物，也是汉代织物中的一个重要门类。汉代的绮一般有两类，一类是平纹地上起斜纹花，另一类是平纹地上以经浮显花。西尔凡、安德鲁斯、武敏等均对此作过类似的描述。前者早在商代已经出现，夏鼐将其定为类似经斜纹组织。后者由法国人普菲斯特定名为汉式组织，后为中国学者所沿用。关于此类织物最有意义的研究是关于其织法的讨论。法国学者维亚尔与里布夫人最早在研究敦煌出土的唐代织物中发现一类平纹地提花织物的织造方法非常特殊，称为 2 - 2 织法[56]。后来，丹麦的贝克（John Becker）应用此理论对中国汉代以前的绮织物也进行了研究，认为它们是用同一方法进行织造的[57]。此理论由德国的库恩博士介绍到中国来，部分中国学者接受了这一看法，并进行了更为深入的研究。华东纺织工学院屠恒贤和浙江丝绸工学院袁宣萍均对此作了一定的研究。赵丰通过对上至商、下到辽的同类丝织品进行研究后，提出将这一方法进一步扩展为 G - G 织法（或称并丝织法），使这一理论基本得到了承认[58]。

在出土的汉代织锦或可能是汉代的织锦中，有一件织物引起人们的特别重视。这就是出土于诺因乌拉的山石鸟树纹锦。织锦长约 186、最大宽度为 39 厘米，其中包括一条 1～1.2 厘米的幅边。这件织物在技术上有两个不同寻常之处。一是一副内经丝的根数。日本的梅原末治、佐佐木信三郎以及法国的维亚尔均提出，这是一种在局部范围内经丝比达到 1∶4 或 1∶5 的织锦。二是花纹循环的经向长度，约达 53 厘米，每厘米织入的纬丝数为 26.5 根，共需要 350 根纹杆才能织出这件织物。织制这种高难度的织物无疑要用极为复杂的织机，佐佐木不排除这件织物由手工提花织机织制的可能性，而维亚尔则认为用纹杆织机更合适，因为在束综提花机上可能会遇到无法克服的困难。至于这件织物所用的纹样，也有不少学者试图解释，如普菲斯特认为其树为生命树；而陆柏则根据《山海经》中的记载认为这是桃树，鸟则是一种天鸡；还有人认为此树应是灵芝，是长寿和永恒的象征。但到目前为止，尚无一种令人信服的说法[59]。

（五）汉代织机

1. 纺织汉画像石和釉陶织机

与汉代纺织业相关的还有画像石及其他资料上的织机图像。目前所知有织机形象的纺织画像石已达十余块，其中山东境内的有滕县宏道院、黄家岭、后台、西户口各一块，龙阳店两块，嘉祥武梁祠、长清孝堂山郭巨祠、济宁晋阳山慈云寺各一块，共九块；江苏境内有铜山洪楼和青山泉两块，沛县留城、邳县白山故子1号墓、泗洪曹庄、新沂各一块，共六块；安徽宿县褚兰东汉墓一块；四川成都曾家包东汉墓各一块。这些画像石上描绘的大多是曾母训子或牛郎织女的故事，画中的织机反映了当时一般家庭织造技术的水平（图二四）。更为称奇的是法国学者里布夫人收藏的汉代釉陶织机模型，这成为研究汉代织机的重要资料。里布夫人是法国著名的中国纺织史学者、亚洲纺织品资料研究中心（AEDTA）主席。在她的私人收藏中，有一台出土地点不详的陶制绿釉微型织机模型，高30、长25、宽17厘米，这是目前现存所知唯一的一台织机模型。美国怀古堂也曾经收藏过一件有织机与织女的汉代陶屋模型。

关于汉代织机的复原研究早在60年代初期就已开始，宋伯胤和黎忠义在《文物》1962年第3期上发表专文，对当时所知的六种汉画石上的织机图像作了归纳，并初步进行了斜织机复原的尝试[60]。1972年，夏鼐在《我国古代蚕、桑、丝、绸

图二四　汉代画像石上的斜织机（拓本）

的历史》一文中又对此作了进一步的复原设计，并被人们经常引用[61]。陕西历史博物馆还曾按此设计制作了一台斜织机模型，在展厅中陈列。80 年代，高汉玉和屠恒贤等提出了不同的看法。高汉玉的方法是将湖南湘西苗族地区的卧机作为汉代织机的原型[62]，屠恒贤则以江苏泗洪曹庄出土的汉画像石为主，提出中轴式织机的可能性[63]。

　　在综合所有画像石资料和里布夫人提供的釉陶织机资料，以及成功复制元代中轴式踏板立机的基础上，赵丰对汉代斜织机作了进一步的研究。赵丰认为，汉代踏板织机至少有两大类型，一类为卧机，另一类为中轴式踏板斜织机[64]。

　　里布夫人所藏织机的类型应属中轴式踏板斜织机的范畴。从原理来看，汉代斜织机当归入中轴式踏板织机一类。它用两片踏板控制中轴，并通过中轴来控制一片综的升降，形成织机上经线的开口。根据这一原理，赵丰进行了这一复原的实验。

机架由横、斜两个平面为主组成，在水平面上有两根横机身，斜面亦有两根斜机身，斜度约为45度。斜机身是安置织机主要部件的地方，由上而下分别为经轴、中轴、分经木、马头和卷轴。经轴位于织机的最高处，由斜机身顶端的两个支架架起，经轴两边有一圆一方两木，就是胜花。这种形状的胜花十分罕见。马头位于斜机身中部，凸出于斜机身之上。其形状基本是长方形略带束腰。马头上装有多种部件。首先就是两个略带六边形的轴轮，可以转动。内侧为一四边形的榫状物，应用于固定鸦儿木。鸦儿木的一端与综相连，另一端应与中轴相连。中轴位于马头上方的两斜机身之间，可以转动。中轴上有两根凸出的与鸦儿木相连的短杆，称为掌手子。另外，还有相互垂直的两根短杆，称为垂手子和引手子，它们分别通过一副曲柄连杆机构与两块踏板相连。斜机身上还有两对可以装轴的轴承。一对位于机身下方，承受卷轴，称为兔耳。另一对位于马头以上、中轴以下处，为分经杆，当时称为均。其他还有综、箱和幅撑等部件。综是提起经丝的主要部件，由一根综杆加绕综线而成。箱是打纬的工具，幅就是幅撑，形成比幅宽略短的木棒或竹竿，两端有小针若干，织时撑于已织好的织物上，使织物保持一定的幅宽并平挺。从发现的汉画像石来看，当时的织机较织工略高，如以织工平均身高160厘米计，坐时约为120厘米，织机高为130～140厘米。按织机模型的比例来推算，当时斜织机的实高约为135、宽为76.5、长为112.5厘米。赵丰的复制理论于1996年发表于《汉代踏板织机的复原研究》一文。1999年，根据此设计制作的织机实物复原成功，陈列在中国科学技术馆和中国丝绸博物馆（图二五）。

但从汉画石上织机的形象来看，可能还存在着另一种双中

图二五　复原的汉代斜织机

轴的织机，赵丰因此提出两个双中轴的踏板斜织机方案。它与单中轴式双蹑单综斜织机之间没有原则的区别，但有机架支撑方式的变化，也有经轴或卷轴定位方式等方面的变化。

　　汉代素织机中另有一种类型出现在四川成都曾家包出土的汉画像石上。这架织机机型较小，只有两根略微倾斜的机身。机身由两长、两短四根脚柱支撑，后高前低，倾斜角度约为30度。后脚柱上端超出机身，上装一对鸦儿木，下有一块呈丁字形的踏板带动整台织机的运动。织妇坐于织机低处，机上未见卷轴。根据赵丰的研究，这属于卧机一类。所谓的卧机，又称踏板式腰机，即一种有机架、由单片踏板控制单片综开口、卷布轴固定于织工腰部的素织机，与元代薛景石《梓人遗制》中所记载的小布卧机子和明代宋应星《天工开物》中所载"腰机"基本相同。赵丰也据此提出了两种复原方案。一种是直提式卧机，织机上有一对鸦儿木，一块踏板就可以直接控制这对鸦儿木提升一片综片，此时由织工的腰部来控制经丝的张力变化。另一种是提压式卧机。其机构十分简洁，有横机身两根，中部立一马头，马头的顶端是一对鸦儿木。鸦儿木前端挂有综片，后端则与踏脚板相连，但在鸦儿木的后端和踏板之间还连有一根压经棒。织机的自然开口靠马头上的两根分经杆来完成，而当踏板踏下，压经棒压下上层经丝，综片则提起下层经丝，此时开口清晰且经丝的张力变化得到补偿。这种单蹑织机的结构十分巧妙，因此一直被沿用。考虑到同期汉画像石上其他织机的水平，赵丰更倾向于后一种复原方案。

2. 汉代提花机的研究

汉代提花机是汉代织机研究中的另一个热点。由于缺乏形象资料，提花机的研究多从提花织物的研究入手。大多数中国学者都深信不疑，相信提花机是中国人的发明，汉代或汉代以前已有提花机。但在西方，就并非如此了。只有少量的中国科技史学者，如李约瑟和库恩等坚持这一点，其他如加拿大的柏恩汉则认为中国汉代的显花织物都是手工挑花织成的，甚至连夏鼐在临终前也接受了这一观点。但事实上，湖北江陵马山 1 号楚墓出土的舞人动物纹锦上的一串经向的错花，已说明了中国织工早在战国时期，就发明了控制织造图案在经向循环的方法。

关于汉代提花机的最大争论是机型问题。较为经典的观点认为，早期提花机的形制与后来的束综提花机相同或是原理相同。持此观点的在国内有孙毓棠、高汉玉、张培高等，在国外则有库恩、高田倭男等。这是最为普遍的一种观点。苏州丝绸博物馆的技术人员也成功地应用了束综提花机来复制东汉织锦中的"延年益寿大宜子孙"锦。由于织物的经密大，衢线多，衢脚重，织机上采用了多名拉花工进行拉花。另一种重要的观点是将多综多蹑机作为汉代经锦织制的主要机型[65]。

20世纪70年代，胡玉端在四川双流发现一种织腰带的丁桥织机，其提花由多片踏板控制多片综片产生。对照《三国志》注中提到的扶风马钧改革了当时"五十综者五十蹑，六十综者六十蹑"的传统绫机，因此称其为多综多蹑机，并将其作为汉代提花织机复原的母型[66]。后来，屠恒贤等对此进行了较为深入的研究，并在丁桥织机上试织了战国平纹经锦的局部，得到了颇为可信的结论[67]。

近年，随着少数民族地区的竹笼式和帘综式低花本织机的重新发现，低花本织机也被认为是中国提花机发展过程中的重要一环，甚至是必经的阶段。至此，低花本织机在国内小范围为学术界所重视。1992年，赵丰在日本京都召开亚洲科技史国际学术讨论会上发表的论文中，提出了竹笼机作为提花机发展过程中重要环节的观点。1995年，韩国学者沈莲玉将此类织机作为楚汉时期提花机的类型之一[68]。1997年，赵丰基本完成了对这种低花本织机的研究，认为低花本织机也可能，特别可能是生产战国到西汉时期出土于两湖流域织物的一种重要机型[69]。

3. 南方织具的出土和研究

真正的织具可能只是在南方百越或是滇池地区才有所见。江西贵溪崖墓中曾发现相当于春秋、战国时期的织机零件和织具，均为木质。据报道，有经轴、打纬刀、引经杆、梭等各种部件，同时还有绕线具、整经具等辅助工具。考古人员认为由此可以复原出一台踏板织机，但从出土部件分析，尚无法得出肯定的结论[70]。

南方出土的织具还发现于云南晋宁地区滇人墓葬中，如晋宁石寨山、江川李家山、祥云大波那和禾甸检村等。出土的织机部件包括卷布轴、经轴、分经棍、幅撑、打纬刀等，一般均为青铜制作，少量为木制。这些部件虽为随葬品，但却应是原大。同时，这一地区还出土了不少有纺织织造场景的青铜贮贝器，为研究汉代滇池地区的纺织生产技术提供了极好的实物资料。

此类纺织机具的形制和用法均十分清晰，因此没有什么争议。学者们多数用现存的少数民族原始腰机相比较来进行研究。王大道和朱宝田在《云南青铜时代纺织初探》一文中介绍了这批资料，并将其与云南当地的原始腰机进行比较，明确了几乎所有纺织部件的用途[71]。此外，加拿大的伏尔默（John Vollmer），也对此进行了介绍和研究，但他使用的比较材料主要是多伦多皇家安大略博物馆所藏的民族学织机资料，其中不少的资料来自中国台湾省[72]。

注　释

[1] 商承祚《战国楚帛书述略》，《文物》1964 年第 9 期。

[2] 中科院考古研究所《长沙发掘报告》，科学出版社 1957 年版。

[3] 湖南省文物管理委员会《长沙广济桥第五号战国木椁墓简报》，《文物》1957 年第 2 期；高至喜《长沙烈士公园 3 号木椁墓清理简报》，《文物》1959 年第 10 期。

［4］　熊传新《长沙新发现的战国丝织物》，《文物》1975 年第 2 期。

［5］　高汉玉等《江陵望山楚墓出土的织锦和刺绣》，《丝绸史研究》1989 年第 2 期。

［6］　陈跃钧《江陵马山一号墓出土的战国丝织品》，《文物》1982 年第 10 期。

［7］　湖北省荆州地区博物馆《江陵马山一号楚墓》，文物出版社 1985 年版。

［8］　阎频《包山大冢发现始末》，《文物天地》1987 年第 6 期；湖北荆沙铁路考
　　　古队《包山楚墓》，文物出版社 1991 年版。

［9］　《春秋早期黄君孟夫妇墓发掘报告》，《考古》1984 年第 4 期。

［10］　高汉玉等《随县曾侯乙墓出土的丝织品和刺绣》，《丝绸史研究》1987 年第
　　　　1～2 期；河南省文物研究所《信阳楚墓》，文物出版社 1986 年版。

［11］　新疆文物局等《新疆文物古迹大观》，新疆美术摄影出版社 1999 年版。

［12］　［俄］鲁金科《论中国与阿尔泰部落的古代关系》，《考古学报》1957 年第
　　　　2 期。

［13］　彭浩《楚人的纺织与服饰》，湖北教育出版社 1996 年版。

［14］　沈从文著、王㐨增订《中国历代服饰研究》（增订本），商务印书馆（香
　　　　港）1992 年版。

［15］　Dieter Kuhn, Silk Weaving in Ancient China: from Geometric Figures to Patterns
　　　　of Pictorial Likeness, Chinese Science, NO. 12, 1995.

［16］　屠恒贤《战国时期丝织品的研究及复制》，华东纺织工学院硕士论文，上
　　　　海，1983 年。

［17］　彭浩《江陵马山一号墓出土的两种绦带》，《考古》1985 年第 1 期。

［18］　同［17］。

［19］　赵丰《马山一号楚墓所出绦带的织法及其技术渊源》，《考古》1989 年第 8 期。

［20］　湖南省博物馆、中国科学院考古研究所《长沙马王堆一号汉墓》，文物出版
　　　　社 1973 年版。

［21］　中国科学院考古研究所满城发掘队《满城汉墓发掘报告》，文物出版社 1980
　　　　年版。

［22］　广州市文物管理委员会、中国社会科学院考古研究所、广东省博物馆《西
　　　　汉南越王墓》，文物出版社 1991 年版。

［23］　大葆台汉墓发掘组等《北京大葆台汉墓》，文物出版社 1989 年版。

［24］　《关于凤凰山 168 号汉墓座谈纪要》，《文物》1975 年第 9 期。

［25］　河北文物研究所《河北阳原三汾沟汉墓群发掘报告》，《文物》1990 年第 1 期。

［26］　连云港市博物馆《江苏东海县尹湾汉墓群发掘简报》，《文物》1996 年第 8 期；
　　　　武可荣《试析东海尹湾汉墓缯绣的内容与工艺》，《文物》1996 年第 10 期。

[27] 张宏源《长沙马王堆汉墓的丝织品》,《文物》1972 年第 9 期。
[28] 上海市纺织科学研究院等《绒圈锦研究》,《考古学报》1974 年第 1 期。
[29] E. Lubo – Lesnichenko, Ancient Chinese Silk Textiles and Embroideries, 5th to 3rd Century AD in the State Hermitage Museum (in Russia), Leningrad, 1961.
[30] 夏鼐《中国文明的起源》,文物出版社 1985 年版。
[31] 赵承泽《关于我国古代起绒织物的几个问题》,《科技史文集》(九),上海科学出版社 1982 年版。
[32] 同 [28]。
[33] 包铭新《我国明清时期的起绒丝织物》,《丝绸史研究》1984 年第 4 期。
[34] Lotus Stack, The Pile Thread: Carpets, Velvets, and Variations, The Minneapolis lnstitute of Arts, 1991.
[35] 陈维稷《中国纺织科学技术史(古代部分)》,科学出版社 1984 年版。
[36] Becker, J. and Wagner, B., Pattern and loom, Rhodos international publishers, Copenhagen, 1987.
[37] 上海市纺织科学研究院等《长沙马王堆一号汉墓出土纺织品的研究》,文物出版社 1980 年版。
[38] 同 [37]。
[39] 同 [37]。
[40] 同 [23]。
[41] 王抒《汉代织绣品朱砂染色工艺初探》,《十世纪前的丝绸之路和东西文化交流》,新世界出版社 1996 年版。
[42] 同 [37]。
[43] 同 [37]。
[44] 王抒《马王堆汉墓的丝织物印花》,《考古》1979 年第 5 期。
[45] 吕烈丹《广州南越王墓出土的青铜印花版》,《考古》1989 年第 2 期。
[46] 赵丰《敦煌马圈湾汉代烽燧遗址出土纺织品》,《敦煌汉简》,中华书局 1991 年版。
[47] 甘肃省博物馆《武威磨咀子三座汉墓发掘简报》,《文物》1972 年第 12 期。
[48] [日] 梅原末治《蒙古ノイン・ウテ発見の遺物》。
[49] Vivi Sylwan, Investigation of Silk from Edson – Gol and Lop – Nor, Stockholm, 1949.
[50] 同 [48]。
[51] Krishna Riboud, A Closer View of Early Chinese Silks, Studies in Textile Histo-

ry, Royal Ontario Museum, Toronto, 1977.

［52］同［29］。

［53］Krishna Riboud, Some Remarks on Strikingly Similar Han Figured Silks Found in Recent Years in Diverse Sites, Archives of Asian Art, vol. 26, 1972 ~ 1973.

［54］Krishna Riboud, China's Buried Past, HALI, No. 34, 1987.

［55］夏鼐《新疆新发现的古代丝织品——绮、锦和刺绣》,《考古学报》1963 年第 1 期。

［56］Krishna Riboud and Gabriel Vial, Tissus de Touenhouang, Paris, 1970.

［57］同［36］。

［58］Zhao Feng, G – G patterning method of silk weaving in earlier China, Journal of China Textile University, No. 2, 1994.

［59］里布《汉山石鸟树纹锦的详细研究》(袁宣萍译),《丝绸史研究》1987 年第 4 期。

［60］宋伯胤、黎忠义《从汉画像石探索汉代织机构造》,《文物》1962 年第 3 期。

［61］夏鼐《我国古代蚕、桑、丝、绸的历史》,《考古》1972 年第 2 期。

［62］高汉玉《汉画像石上的纺织图释》,《丝绸史研究》1986 年第 2 期。

［63］同［16］。

［64］赵丰《汉代踏板织机的复原研究》,《文物》1996 年第 5 期。

［65］赵丰《中国古代织机研究综述》,《丝路学苑》1998 年第 1 期。

［66］胡玉端《经锦织造技术的探讨》,《中国纺织科学技术史资料》总第 5 集, 1981 年。

［67］同［16］。

［68］沈莲玉《中国历代纹织物组织结构、织造工艺及织花机的进展》,中国纺织大学博士学位论文, 1995 年。

［69］赵丰《中国传统织机及织造技术研究》,中国纺织大学博士学位论文, 1997 年。

［70］程应林《江西贵溪崖墓发现一批纺织品和纺织工具》,《中国纺织科学技术史资料》总第 3 集, 1980 年。

［71］王大道《云南青铜时代纺织初探》,《中国考古学会第一次年会论文集》,文物出版社 1980 年版。

［72］John Vollmer, Archaeological and Ethnological Considerations of the Foot – Braces Body – Tension Loom, Studies in Textile History, Alger Press, Toronto, 1977.

三

魏唐纺织

（一）魏晋隋唐时期的纺织品

魏晋南北朝至隋唐约七百年间，纺织生产中主要的潮流是来自异域的影响。

魏晋南北朝是我国历史上最为动荡的时期之一，军阀割据，豪强林立，非汉族势力在这一时期基本控制了周边地区，并大规模进入中原。这样的局面一直持续到隋唐时期才结束。隋代统治者结束了长达四个世纪的分裂局面，统一了全国。唐朝更是强盛一时，历"贞观之治"和"开元之治"两大盛世，造就了中国历史上最为辉煌的时代。其疆土辽阔，国力强盛，文化繁荣，经济发达，势力远达西北地区，影响可达中亚、西亚，在文化上显示了特有的兼容并蓄的时代风格。

在"安史之乱"之前，纺织生产的重要产区仍在中原及齐蜀两地，即使是在战火纷飞的年代，一些小朝廷仍在进行织绣的生产，如曹丕在《与群臣论蜀锦书》中，曾提到魏国自己能生产如意、虎头、连璧锦，这应该是在魏国自己的尚方御府中织造的。蜀国是蜀锦的著名产地。蜀锦不断出口邻国，成为蜀国财政收入的重要来源。诸葛亮曾说："决敌之资，唯仰锦耳。"十六国时期，与东晋相对的北方后赵政权占据魏地，也设有大规模的织绣生产作坊，有数百人生产织锦和织成，产品有大小登高、大小明光、大小博山、大小茱萸、大小交龙、葡萄文锦、斑纹锦、凤凰锦、朱雀锦、韬纹锦和桃核纹锦等。到南北朝时期，鲜卑族拓跋氏起自北方，在其攻城掠地之时，也大量掳掠百工，并设置各种专业织造生产户进行织绣生产。宫内也有大量奴婢织造锦绣绫罗。唐代前期，官营丝织业十分发达。在长安城中，少府监属下的织染署掌供冠冕组绶织作色染，常设织造作坊有布、绢、絁、纱、绫、罗、锦、绮、䌷、褐等十作，炼染之作有青、绛、黄、白、皂、紫等六作，其中绫锦作坊中的巧儿就有三百六十五人，内作使下织染作坊中的绫匠八十三人，就连以管理宫中闲散女劳力为主的掖庭局中也设有绫坊，其中有绫匠一百五十八人。此外，宫中还有一些临时设置的作坊。《旧唐书·后妃传》记："宫中贵妃院织锦、刺绣之工凡七百人。"这应该是一个为"三千宠爱在一身"的杨贵妃专门设置的织绣作坊。由此可见，唐代官营织绣作坊规模的庞大。事实上，唐代官府还在各重要地区设置各种不同性质的机构进行织绣生产，如在成都设置专门织坊生产蜀锦和五色织成背子，在越州设置织造户生产缭绫。

唐代中晚期，纺织生产的重点区域已逐渐由中原地区向南方转移。到唐后期，全国的经济基本上都取决于江南地区。江南地区生产纺织品的种类十分丰富，特别是各种高档丝织品已成为唐朝皇室主要的御用品。李肇《国史补》载："初，越人不工机杼。薛兼训为江东节制，乃募军中未有室者，厚给货币，密令北地娶织妇以归，岁得数千人，于是越俗大化，竞添花样，绫纱妙称江左矣。"从史料来看，越州在唐前期的贡品非常有限，而到了唐后期，就上贡异文吴绫、吴绫、吴朱纱、白纱、宝花花纹罗、白编绫、交梭绫、十样花纹绫、轻容、吴绢、花纱、缭绫等十余种。

魏晋隋唐时期，西北地区的纺织业也发展很快。由于丝绸之路的畅通，新疆等地受到来自东西两个方面的影响。一方面来自东方的蚕桑丝绸生产技术传入当地，当地人已经生产出具有地方特色的高昌锦、丘慈锦、疏勒锦等。另一方面，西方的毛纺织技术也传到这一地区，当地出土的毛织物出现了各种明显带有西方风格的图案题材。

魏晋南北朝时期的生产技术也因融合了各民族的先进因素而有了长足的进步。北魏时期有一部非常著名的科学著作，即贾思勰的《齐民要术》，其中对栽桑、养蚕以及缫丝、染色等都有极为详细的记述。关于织造技术，三国时出了一位著名的机械工程师马钧。据《三国志》裴松之注，他曾改进绫机，"旧绫机五十综者五十蹑，六十综者六十蹑。先生患其丧功费日，乃皆易以十二蹑，其奇文异变"。改进后的织机不知是否对当时的织绫技术产生过大的影响，但这一时期的绫织物确是十分丰富，这从新疆吐鲁番地区出土大量魏唐时期绫织物的情况来看是可信的。魏晋南北朝时期的中国织锦还是较多地继承汉锦的技术传统，但到了北朝晚期和隋唐初期，中国的提花机已得到全面完善，可以生产出图案自由循环的织物。到唐代后期，大提花织机也已经出现，可以生产极为恢弘、图案循环较大的织物了。

唐代是织绣染品种最为丰富的一个时代，织造品种中最突出的是丝织品种，丝织品种中最为绚丽多彩的当属织锦。从文献来看，锦的品种甚多，有以地区命名的蜀锦，有以用途命名的半臂锦、蕃客袍锦、被锦等，有以色彩命名的绯红锦、白地锦等，也有以织物特点命名的大张锦、软锦等。锦的基本组织早期是平纹和斜纹经锦，到盛唐时发展为斜纹纬锦。此外，还有双层锦、织金锦、透背锦等各种新品种。另一种重要的品种是绫，唐代几乎各地都有绫的生产，名目也极繁多，但最为著名者为产于越州的缭绫。此外，罗、纱、绮、绢等也大量生产。唐代丝织品种中的另一大创新是缂丝的出现。缂织工艺最早出现在新疆地区的汉代毛织物上，到唐代始见于丝织物上，称为缂丝。唐代毛织物的生产量也非常大，以新疆地区发现较多，种类有毯、毡等，大多为色织物，图案精美。

刺绣品在生活中应用甚广，但从唐代大量出土物的情况来看，唐代绣品的新热点是佛教所用的供养品。自从北魏时期开始有专为佛教供养刺绣佛像的先例后，唐代的佛教徒们在这一点上似乎比前代走得更远、更热烈。法门寺地宫所出大量用于佛教用途的刺绣品也说明这一问题。从技法上来说，唐代刺绣已从早期的锁绣走向了平绣。

除了织绣之外，唐代的印染技术也是值得十分骄傲的，印染产品在当时称为缬，而唐代三缬（绞缬、蜡缬和夹缬），加上后来发现的灰缬在当时已经名扬天下了。新疆地区以及日本正仓院都保存有极珍贵的丝质和棉质的印染产品，其中绞缬大多用于丝绸，在当时文献中已有鱼子缬、醉眼缬、团宫缬等名。蜡缬多用于棉布，多为蓝地白花，图案以几何纹为主。灰缬多用于丝绸，虽有损于丝质，但能染出深地白花，有时甚至是两套花的花鸟图案。夹缬是色彩最为丰富的印花织物，多者可到四五套色，图案往往形大，有花树对鸟、团窠卷草瑞兽等，最为富丽堂皇。除此以外，与印染有关的还有印金、贴金和泥金等。所有这些，均可从西北地区的纺织考古中找到实物佐证。

（二）　魏晋织物

由于自然环境对纺织品保存的重要作用，魏晋南北朝时期的纺织品主要出自西北地区，其中重要的有新疆塔克拉玛干大沙漠南道的民丰尼雅遗址、洛浦山普拉墓葬、若羌楼兰遗址、尉犁营盘遗址等，以及吐鲁番阿斯塔那墓区，位于河西走廊上的敦煌及嘉峪关等地也出土了年代同属魏晋十六国时期的纺织品遗物。

1. 尼雅遗址出土织物

尼雅遗址位于新疆民丰北约 150 公里的尼雅河尽头的沙漠中，系汉代精绝国故址（图二六）。20 世纪初，斯坦因进入尼雅，在遗址连续工作十六天，获取了大量的文书和纺织品，以及"所有能重现那些已消失世界中日常生活情景的东西"，自此精绝故国文明成了人们关注的热点之一。后来，斯坦因又对其进行了几次发掘。30 年代，中国政府迫于国内学术界压力，禁止了斯坦因的发掘。

1959 年，新疆博物馆考古队李遇春一行在文物普查时进入塔克拉玛干大沙漠南端的尼雅遗址，在那里发现了一具棺木。棺木上铺有一层毯子，棺木内出土了一对埋葬了约两千年的男女尸体。他们身上的服饰及棺中随葬的丝织品均保存完好，其中最有名的是"万世如意"锦袍、白布刺绣裤腿及用"延年益寿大宜子孙"锦制成的袜、手套和鸡鸣枕、"阳"字锦袜、刺绣镜囊、刺绣粉袋（图二七），还有大量的单色丝质服装及其他织物，包括不少品种的毛织品及印花棉织品[1]。这批资料后来主要由新疆博物馆整理，丝织品部分由武敏发表

图二六 尼雅遗址

在《新疆出土汉唐丝织品初探》一文中[2]，毛织品部分由贾应逸发表在《略谈尼雅遗址出土的毛织品》上[3]。此外，不少实物在一些纺织品图录如《中国美术全集·印染织绣卷》中也有收入。此墓的年代在发掘之初被定为东汉。但是，后来经孟凡人的考证，将其定为晋代，特别是在公元4世纪早期到中期[4]。

80年代末，新疆塔克拉玛干沙漠考古的重点转移到尼雅一带。自1988年起，新疆文物考古研究所中日尼雅遗址学术考

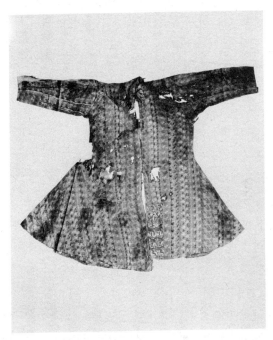

图二七　尼雅遗址 1 号墓出土"万世如意"锦袍

察队多次在尼雅进行调查发掘。1995 年，尼雅考古迎来了丰收的一年。考古人员偶然发现一处墓地，并随即对其进行了清理发掘，共清理墓葬八座，取得重大收获。通过发掘，考古人员基本确认这是一处尼雅上层贵族的墓地，其中最为重要的是 3 号墓和 8 号墓。墓中不少珍品于 1998 年在上海博物馆展出，并收入《丝路考古珍品》一书[5]。同时，两墓的发掘简报亦已发表。

3 号墓为夫妇合葬墓，墓主人身盖"王侯合昏千秋万岁宜子孙"锦被，面部均有覆面。男主人覆面用"世毋极锦宜二

亲传子孙"锦制成，女主人覆面用龙凤纹锦制成。男主人头
戴绸面丝绵风帽，穿方格纹锦袍，下身着锦裤，足穿勾花皮
鞋。女尸亦穿戴丝绵风帽，头扎组带，身穿锦袍，其上织有
虎、驼、鹿、马、孔雀、双人舞、单人舞等纹样。奁盒内置有
彩色线绳和香囊等物[6]。更为重要的是 8 号墓，不仅出土了
"安乐如意长寿无极"、"安乐绣文大宜子孙"、"大明光受右承
福"、"延年益寿长葆子孙"锦等多种织物，而且保存十分完
好，具有极高的研究价值。另外，墓中还出土了最为著名的
"五星出东方利中国"锦护膊[7]。

　　"五星"锦一经出现就引起了人们的极大兴趣，特别是其
图案与铭文的文化含义也进一步为人们所注意。尼雅墓葬的发
掘者于志勇首先将"五星出东方利中国"的一片织锦与同墓
所出另一片织有"讨南羌"铭文的残锦片相连缀，释其文为
"五星出东方利中国……讨南羌"。他还深入探讨了五星铭文
与汉代五行思想的关系，并考证了五星一语的来源。五星作为
天文星占学上的用语，最早见于战国时期大星占家石申的有关
记述："五星分天之中，积于东方，中国大利；积于西方，负
海之国用兵利"。而最早将五星出东方与讨羌作战相联系的是
《汉书·赵充国传》中的汉宣帝敕："今五星出东方，中国大
利，蛮夷大败"[8]。此后，赵丰根据这两件残片对"五星"锦
进行了图案上的复原，可以看到此件织物上五星的存在（图
二八）。赵丰进一步的研究表明，汉代几乎所有的云气动物纹
锦，无论是三经锦，或是四经锦，或是五经锦，一件锦上的色
彩总数大多均在五种，三经锦采用 1∶2 的表里经丝比，四经
锦采用 1∶4 的表里经比，但它们均采用了分区换色的方法，
使一件锦上的色彩总数增加到五种。这样，便与史料中所记载

图二八　　"五星出东方利中国"锦与"讨南羌"锦纹样（复原图）

的五色锦或是五色云锦均相吻合，并与中国传统文化中的五行、五星、五方等一致[9]。

尼雅出土的织锦也引起了日本学者的兴趣。阪本和子和切畑健都曾经作为中日合作尼雅考察中的日方代表参与工作，同时也发表了部分论述。前者的《关于尼雅遗址出土的纺织品》，对几件特别重要的织物如"五星"锦、"王侯合昏"锦、"世毋极"锦及部分毛织物、绒毯等作了技术上的分析，基本认为其毛织物产于当地，而丝织物来自内地[10]。后者则在《尼雅遗址出土的染织品调查》一文中，对"五星"锦、"千秋万岁宜子孙"锦、"王侯合昏"锦，特别是对8号墓地出土的平纹纬二重织物进行了分析与研究[11]。

2. 楼兰出土纺织品

楼兰遗址位于新疆巴音郭楞蒙古自治州若羌县罗布泊南岸，地处中西交通要道。1900年3月，瑞典地理学家斯文·赫定和他的考察队在去西藏途中意外地发现楼兰古城遗址，获得大批汉文木简和佉卢文残片及少量丝织物。他回到欧洲后，整理了这批文书，才发现此遗址就是汉文典籍中屡次提到的楼兰，从而掀起了一股楼兰探险考察热。此后，斯坦因三次来到楼兰，相继发掘了该遗址周围的十几座城址、寺院、住宅和墓地，逐步揭开了楼兰遗址的全貌，并挖掘出大量纺织文物。特别值得一提的是在 1914 年楼兰城址东北面高台上东汉墓中出土的织有"长乐明光"、"登高明望西海"、"延年益寿"等文字的汉锦。

自 70 年代末至 80 年代初起，中日合作对古楼兰地区进行了考察和发掘。1979 年至 1980 年，新疆文物考古研究所楼兰考古队三次深入罗布泊腹地，对楼兰古城址及其附近墓葬群进行考古调查和重点发掘。在楼兰古城遗址中出土了纺织品共五十九件，但多为残片。同时，考古队还在楼兰城郊的两处古墓群平台墓地 MA 和孤台墓地 MB 进行发掘。其中 MB 早年曾遭斯坦因的盗掘，斯坦因编号为 LC。就在其中的 2 号墓（斯坦因编号为 iii）中，考古人员清理出土了七十四件精美的丝织品。其实，这是因为当时清理未尽，尚有大量织物残片留存。新出土物中包括锦五十三件（图二九），其上织有"长寿明光"、"永昌"、"延年益寿长葆子孙"、"望四海贵富寿为国庆"、"登高贵富"等铭文；绮五件，图案以菱纹为主；刺绣一件及绢片若干。除丝织品以外，墓中还发现毛织品二十二件，包括普通类毛织物、缂毛、毛毯及毡等，还有棉织品若干[12]。

除尼雅和楼兰遗址外，新疆考古所还对楼兰遗址附近的孔雀河古墓沟墓葬进行了调查，也发现不少同一时期的丝织物，其中最为突出的是斑纹锦。这种织锦状如虎斑，后来在尼雅和营盘也都有发现。1984 年，新疆博物馆文物队与和田文物管理所在洛浦山普拉进行了两次发掘，共清理墓葬五十二座。其中 1 号墓和 2 号墓均是有一百余个个体共同埋葬的大墓。经碳

图二九 若羌楼兰故址出土"广山"锦残片

十四测定年代分别为战国时期与西汉，但其出土织物却具有较为明显的东汉特征[13]。

具有类似风格的织物还广泛发现于丝绸之路沿途自东亚到西亚的广袤地区。东自朝鲜平壤汉乐浪郡遗址，北到蒙古诺因乌拉古墓，西到叙利亚的帕尔米拉、杜拉—欧罗巴等遗址，均有中国汉代风格的织锦出土。这些丝绸遗物的发现，为汉代丝绸之路勾画了一条用实物连成的路线，为丝绸之路的研究提供了实物的佐证。

3. 营盘墓葬的发掘

营盘是近年新疆考古发掘中的一个热点。营盘又称因半，位于新疆尉犁城东南150公里处，东距楼兰近200公里。营盘古城最初也曾经科兹洛夫、斯文·赫定及斯坦因等考察，但发现纺织品并不多。1989年，新疆组织巴州文物普查队对这一地区进行文物普查时，也在营盘清理了十座被盗墓葬，获得了不少纺织品[14]。

对营盘墓地进行真正的科学发掘是在 1995 年 11 月至 12 月间。新疆考古研究所对营盘墓地的一百余座被盗墓葬和地表有木桩标志的三十二座古墓进行了抢救性发掘，发掘的墓葬分布在东西长 1500、南北宽数百米的范围内。墓中最为突出的随葬品为纺织品，考古工作者对其进行了基本的研究和分类。特别是李文瑛和周金玲在《营盘墓葬考古收获及相关问题》[15]一文中，对墓地所出纺织品作了基本分类，并对部分织物进行了专门研究。纺织品从质地上可以分为丝、毛、棉、麻四类，前两类最多，占出土遗物总数的三分之一以上。丝织品中有绢、绮、绦、绣、锦、染缬等，毛织品中有罽、毯、毡、编织带、毛绣及毛绳等。营盘出土的纺织品无论从技术还是从图案上来看，均反映出东西方文化交流的影响，特别具有研究价值。

营盘出土的绮基本上是中国传统的平纹地斜纹织物，有几何菱纹绮、方胜纹绮和对禽对兽纹绮等六种，织锦之中也有如"登高"、"寿"等云气动物纹锦，其中的对禽对兽纹绮和"登高"锦在楼兰墓地也有出土，说明部分织物的年代可以早到晋代。但营盘出土丝织品中更有特色的是平纹经二重的绦带和平纹纬二重的织锦。前者是一种窄条状织物，多作衣物装饰，采用平纹经二重组织，但丝线一般加有 S 拈，可能为汉人织工所织。后者是一种纬显花织物，采用两色或三色，其经线加有 Z 拈。同类织物在吐鲁番公元 5 世纪墓中也有出土，但不如营盘所出精美。

除此之外，营盘所出丝织品中还有少量的锁绣品、绞缬品。此外，特别值得注意的是印金织物（图三〇）。印金织物

图三〇　营盘墓葬出土贴金衣襟

主要出自 14 号墓和 15 号墓，14 号墓主人的长袍虽已残成数片，但领、襟、袖、下摆、后背等处普遍贴印着各种光彩夺目的圆形、三角形、方形金饰。另外，还有一种带有果实形状（似石榴）的图案，是先用色绢按设计好的花纹剪出花瓣、花心、果实，经拼对成形后缝在坯料上，然后再在花样上贴金，印出更为细密繁缛的小花纹。金箔装饰织物在史料上只见于三国时期，实物中这还是第一次发现。

　　营盘出土的毛织物更为令人注目，采用了双层组织和平纹纬二重组织。其中对人兽树纹罽系 15 号墓墓主人的外袍面料，采用双层组织，以红黄两色显示花地。这种织物十分罕见，只在洛浦山普拉据考证为汉代的墓葬中曾有出土。在此袍的下摆部分缀有采用纬二重平纹组织的卷藤花树罽，红地，以绿、深黄、浅黄三色织出四方连续的卷藤，内外空当中填以各式别致的花树。为使织物表面色彩绚丽丰富，纬线色彩的运用讲究逐层晕色，花树的花芯部分采用了独特的"挖梭"技法，这在新疆纺织品中还是第一次发现。

营盘墓地还出土不少毛毯，主要为粗纺的平纹毛毯，幅宽不到100、长150厘米左右，多用来包裹尸体和木棺。此外，还发现一件栽绒毯，覆盖在15号墓的彩绘木棺上，采用单经扣的方法，绒毛长1.5～2厘米。主体纹样为一伏卧的狮子，四周有双边框。狮的造型别具特色，前身后臀隆起，形成较大的起伏，体现出强烈的动感。狮子的形象明显带有异域风格。类似的狮纹毛毯在楼兰遗址 LE 古城西北的一墓葬中也有出土，其长266、宽103厘米，图案风格及织造技法与营盘出土者几乎完全一样。

从营盘墓地出土的纺织品等情况来看，其中小部分丝织物与楼兰出土者相似，但更多为带有当地或是西域风格的毛织物和一些平纹纬二重的丝织物。而此类丝织物在吐鲁番要晚到东晋、十六国时期。另如绞缬绢，在新疆吐鲁番地区 63TAM1 建初十四年（公元 418 年）墓及甘肃敦煌佛爷庙湾十六国时期墓葬中为最早发现[16]。因此，营盘墓葬的主要年代可能在公元 4～5 世纪前后。

4. 汉晋丝织物的系统研究

对于汉晋织物展开的研究不少，法国的里布夫人和俄国的陆柏博士都有不少论文发表。里布夫人对新德里及伦敦大英博物馆所藏斯坦因掠去的丝织品进行了考察，而陆柏则对诺因乌拉出土的汉代织物作了研究。他们的研究成果令世人瞩目。

东汉织锦的艺术风格非常特殊，一般以云气与动物纹样为特征图案，间杂以带有吉祥意义的汉隶铭文。图案往往沿纬线方向排列，纬向循环一般通幅，而其经向循环则较小，一般不超过9厘米。由于汉代织锦在技术上的区别并不明显，因此，从艺术史角度对其进行研究，或可以解决这批汉锦的断代问题。

在马王堆汉墓发现以前，人们一般均是将楼兰、尼雅以及蒙古诺因乌拉发现的织锦定为东汉时期的代表作。这主要是从遗址的性质来定的。但当马王堆的织物出土以后，由于诺因乌拉墓出土物中也有绒圈锦，因此，里布夫人将其部分织物的年代提前到西汉。而另一件带有"新神灵广"铭文的织锦则被看作是新莽时期的织物[17]。

中国学者中也有不少人对此类织锦的年代发表了看法，沈从文认为，它们早不过秦始皇以前，晚不会在汉武帝以后[18]。但赵丰认为，此类织物的流行期应在东汉至魏晋时期。其理由：第一，遗址或墓葬的年代均在东汉或是魏晋，而在西汉墓中基本没有发现；第二，不少的织锦铭文均可与东汉时期的一些杂记和后来《邺中记》及其他关于魏地织锦的记载相吻合，至于《洞冥记》所载情况虽在汉武帝时，但此书并不可靠；第三，锦纹反映的神仙思想也只是在汉武帝时出现，其流行则在东汉，对照大量东汉陶器上的纹饰，均可理解这一点。在《云气动物锦纹的系谱》一文中，赵丰还将汉代的云气动物纹按云气类型分为穗状云、山状云和涡状云三种，并勾画了从西汉云气纹绣到东汉云气纹锦、穗状云动物纹直到山状云动物纹的发展系谱。从这一系谱来看，带有穗状云的动物纹锦在逻辑上较山状云为早，但东汉和魏晋是其共同流行的年代。自魏晋起，云气动物纹样则趋向于简单化和程式化[19]。

5. 新疆出土纺织品中所见的西方影响

由于地处丝绸之路要道，新疆纺织考古研究中很重要的一个课题，就是研究出土纺织品上东西文化交流的影响。迄今为止，在尼雅、楼兰、山普拉及营盘等地出土了不少非常重要的

图三一　尼雅遗址出土蓝地白花印花棉布

此类织物，也有许多学者进行了仔细的研究。

　　早在 1959 年的尼雅考古中，人们已经发现两件蓝地白花的印花棉织品，一般称为蜡染或是蜡缬。一件带有格子等几何形图案。另一件所带的图案因素特别多，在已残的部分中最起码可以看到四个可以判断题材的区域，一是中心区域，可以看到一个人的脚和一只狮的爪和尾；二是以方格为主的区域；三是位于下方的长条，如一兽咬着一条龙尾；四为最重要、最完整的区域有一裸女像（图三一）。人们围绕这一人像进行了许多讨论。原报告称此像为菩萨，但尚存疑问。后来俞伟超考证为菩萨，主要原因是因为其上有背光，而这种背光只出现在菩萨身上[20]。范明三和赵丰均考证其为阿娜希塔女神，是一个在中亚地区流行的主生殖的女神[21]。但是，近来西方学者的研究表明，这一人物更可能是希腊神话中的鬼子母。这一形象较多流行于印度西北部的犍陀罗文化区，往往为一女性，手持角状花束，在当地被认为是保护小孩之神[22]。至于下方的怪兽咬龙尾可能也是一种误解，据俄罗斯爱米塔什博物馆马沙克博士称，所谓的龙身更应该是一条河，这条河是从怪兽嘴里吐出来的，而怪兽可能正是一条龙。类似的印花棉布在山普拉墓地也有出土。

位于和田地区洛浦山普拉墓地中也出土了不少有趣的纺织品，其中最为引人注目的是两条裤腿上所用的面料。它用缂毛技术织成，一条裤腿上织有较大的武士人像，另一条裤腿上织有马人形象。李吟屏对此件织物作了较为详细的考证，认为马人就是希腊、罗马神话中的坎陀耳（Centaur）。它的出现，进一步证实了地中海人种曾入居于阗，而那武士人像则与斯坦因得于楼兰的毛织品上的赫密士头像极为相像。所有这些，无疑都是犍陀罗文化对中国西北地区影响的结果[23]。

另一类毛织物或可称为罽，又称为毛锦，共由两种组织织成，一是以平纹纬二重组织织成，二是由双层组织制成。这两类织物在尼雅，特别是营盘有较多发现。1959年，尼雅发现的罽是蓝黄两色的平纹纬二重织物，其中可以看到人物、动物、葡萄、树叶等纹饰，一般称为葡萄人物纹罽。1995年，尼雅又发现了一批几何纹的平纹纬二重毛织物，山普拉的墓地里则出土了一片葡萄纹的双层织物[24]。

营盘出土的毛织物更引人注目，其中最为突出的是对人兽树纹罽、鹰蛇飞人罽、卷藤花树罽等。对人兽树纹罽系15号墓墓主人的外袍面料，采用的是双层组织，以红黄两色显示花地。更为奇特的是其图案，整个纹饰设计规整对称，每一区由六组以石榴树为轴两两相对的人物、动物组成（一区纵长80厘米），每一组以二方连续的形式横贯终幅（幅宽118厘米以上），各区图案又以上下对称布局。图案中人物共四组，形象相同，均为男性，裸体、卷发、高鼻、大眼。各组人物姿态各异，手中分别持兵器，两两相对，表现出不同的对练姿势，细致生动。两组动物，对羊和对牛，前蹄腾空，身躯矫健敏捷，极富动感。据李文瑛等研究，袍上的整体纹样体现出希腊（罗马）、波斯两种文化互相融合的艺术特征[25]。

在营盘墓地还出土过一件鹰蛇飞人罽。此件织锦最早由钱伯泉在《丝绸之路》上撰文介绍，后来在营盘的正式考古发掘中也有发现，可能就是出自同一墓葬。此锦采用的组织也是平纹纬二重，以蓝黄两色显示花地。图案的主体是两条纠结成葫芦状的葡萄藤，藤上花繁叶茂，下部的枝条上分别缠绕两条海蛇，枝条下立着两只展翅昂首的山鹰。鹰头与蛇头相对，呈相持争斗状。另有一对有翼人像，一手持雏鹰，一手拿短棒。钱伯泉认为，其质地、色彩和图案风格为西亚和东欧类型，与中国古代的锦绮完全不同。因此，它是通过丝绸之路输入我国的一件西方织物精品[26]。

1959 年尼雅发掘时曾出土过一条十分完整的栽绒毯，为缠枝葡萄叶纹，明显也是西方的母题。1995 年尼雅墓地大部分棺盖上也都发现有一层毛毯或是毡毯覆盖。营盘墓地的情况也非常接近，出土了不少毛毯，主要为粗纺的平纹毛毯，幅宽不到 100、长 150 厘米左右，多用来包裹尸体或覆盖木棺。最为精彩的是一件栽绒毯，覆盖在 15 号墓的彩绘木棺上，采用单经扣的方法，绒毛长 1.5～2 厘米。主体纹样为一伏卧的狮子，四周有双边框。狮子的形象明显带有异域的风格。类似的狮纹毛毯在楼兰遗址 LE 古城西北的一墓葬中也有出土，图案风格及织造技法与营盘出土物几乎完全一样[27]。

（三）北朝至隋唐织物

1. 吐鲁番出土高昌及唐代西州时期织物

新疆吐鲁番阿斯塔那与哈拉和卓两处墓地的出土物是1949 年后北朝至隋唐丝织品发现的最主要的考古成果。阿斯塔那汉名二堡，哈拉和卓汉名三堡。它们均距胜金口和火焰山不远。吐鲁番的这两处墓地也曾先后遭斯坦因、橘瑞超等人调查和盗掘，不少纺织品被带至国外，现藏于大英博物馆和日本一些大学的博物馆。自 1959 年起，新疆的考古工作者也开始在吐鲁番地区进行调查和科学发掘，先后十一次，共清理古墓456 座，其中有 330 座可以根据随葬文书或纪年物判明其年代。文字材料最早为晋泰始九年（公元 273 年），最晚为唐大历七年（公元 772 年）。但属于魏晋时期的只是少数，共 42座。大多数可以分属于两个时期，一是高昌王朝时期（公元531 ~ 640 年），相当于北魏至唐初，共 115 座；二是唐西州时期，相当于公元 7 世纪下半叶到 8 世纪下半叶，共 173 座。吐鲁番出土的丝织品尚未见正式报告发表，但分别在《丝绸之路——汉唐织物》一书及《文物》、《考古》等刊物上发表了简报。

吐鲁番的发掘始于 1959 年底，当时新疆博物馆东疆文物工作组在吐鲁番阿斯塔那北区发掘了六座墓葬，分别编号为301 ~ 306 号墓，各墓均有纪年文字出土，其中出土有丝织品的 306 号墓出土章和十一年（公元 541 年）文书，303 号墓出土和平元年（公元 551 年）墓志，属于高昌时期；301 号墓出土贞观十七年（公元 643 年）契约，302 号墓出土永徽四年（公元 653 年）墓志，304 号墓出土垂拱四年（公元 688 年）墓志，属于唐西州时期[28]。1960 年底，新疆博物馆又对阿斯塔那墓区进行了发掘，发掘未见简报刊行，但部分丝织品已发表于武敏《新疆出土汉唐丝织品初探》一文中。从列表来看，属于高昌时期的丝织品分别出自 307、313、315、309、323、331、339 号墓，属于西州时期的出自 317、322、325、330、332、337 号墓。在这些出土织物中，有不少已被各种论著反复引用，或反复见于各种图录，成为著名的文物。其中属于高昌时期的有鸟兽树木纹锦（306 号墓）、双兽对鸟纹锦（303 号墓）、树纹锦（303、309、310、315 号墓）、瑞兽纹锦（325 号墓）、狮纹锦（315 号墓）、菱花锦（315 号墓）、忍冬菱纹锦（307 号墓）、兽纹锦（328 号墓）、几何纹锦（309 号墓）、条带联珠纹锦（307 号墓）、联珠小花锦（323 号墓）、彩条锦（323 号墓）、棋局锦（308 号墓）、几何瑞花锦（331 号墓）、兽头纹锦（331 号墓）、大吉锦（339 号墓）、对兽对鸟纹绮（303 号墓）、联珠套环团花绮（308 号墓）、联珠套环菱纹绮（328、335 号墓）、回纹绮（335 号墓）等。属于西州时期的有香地菱纹锦（301 号墓）、规矩纹锦（301 号墓）、对马纹锦（302 号墓）、鸳鸯纹锦（337 号墓）、大鹿纹锦（337、322、332 号墓）、小团花纹锦（325、317、302 号墓）、猪头纹锦（325 号墓）、骑士纹锦（337 号墓）、双鸟纹锦（322 号墓）、龟背纹锦（317 号墓）、鸾鸟纹锦（332 号墓）、对鹿纹锦（330 号墓）、瑞花遍地锦（330 号墓）、花树孔雀纹绮（337 号墓）、棋局团花双鸟绮（325 号墓）（图三二）。这里所提到的绮，基本上都是以平纹为地，斜纹作花的组织。而关于织锦，则有不同的看法。武

图三二　吐鲁番阿斯塔那 302 号墓出土联珠对马纹锦纹样（复原图）

敏认为这些织锦"不论原有的经畦纹或隋唐之际的二枚经斜纹织物，都是经丝彩色显花"[29]。但国内外许多学者认为其中有部分为纬锦。

1963 年至 1965 年是吐鲁番考古的第二个阶段，新疆的考古工作者在阿斯塔那与哈拉和卓两地共发掘了五十六座墓葬，其中属高昌时期的共四座，属于西州时期的三十六座，出土的丝织品只有小部分得到介绍，包括出于延昌二十九年（公元 589 年）唐绍伯墓中的胡王牵驼锦（64TAM18）、对鸟吉字锦（公元 620 年，64TAM31）、红地宝相花纹锦（公元 706 年，64TAM20）、杏黄色绮（公元 685 年，64TAM29）、印花绢（64TAM29）、彩绘绢（公元 706 年，64TAM20）等。其中的红地宝相花纹锦是第一件由新疆公布的纬锦[30]。

图三三　阿斯塔那105号墓出土彩条纹锦

　　为配合开展农田水利建设，新疆博物馆又于1966年至1969年四次进入吐鲁番地区对这一墓葬区进行发掘，共发掘墓葬一百零五座，出土大量的丝织品，其中当时已整理登记的标本达四十六件。除少量如夔纹锦、瑞兽纹锦、方格几何纹锦、联珠对孔雀贵字锦、蓝地棋局纹锦等属于北朝到隋时期外，大部分织物都为唐代织物，属于西州时期。特别是一些新

图三四 阿斯塔那188号墓出土海蓝地宝相花纹锦

品种出现，如TAM105出土的彩条纹锦，为单层的彩条经斜纹作地、金黄色纬浮显花的组织，被称为锦上添花锦（图三三）。更多的是染缬产品的出现，引人注目，如绿纱地狩猎纹缬，墨绿地上显粉绿纹样，狩猎者骑马飞驰，飞鸟、奔兔生动活泼。另外，还有如黄纱地花树对鸟纹缬、绛纱地柿蒂纹缬等。这些染缬产品最初被定为蜡缬，后经武敏的研究，大部分改定为碱剂印花产品[31]。

1972年至1975年间，吐鲁番的考古工作仍继续进行，又有一百余座墓葬被发掘。1972年至1973年，墓葬中出土了由晋到唐的绢、纱、罗、绫、绮、锦等丝织品，色彩绚丽，图案新颖，其中高昌时期对鸟、对羊树纹锦覆面和对狮、对象纹锦遮胸，都是极为精致的织品。而唐墓所出的团花纹锦和宝相花纹锦，更具有当时常见的风格（图三四）。除此以外，出土的黄、绛、绿、紫各色纱以及各种彩色的印花绢都非常不错，尤其是出土的一件金红色的彩绘蓝纱及狩猎纹印花绢，也是前所未见，反映了唐代丝织技术的水平。同时，墓中还出土了不少带有题记的麻布，是内地纺织品流通到新疆地区的明确记载[32]。1973年3月对张雄夫妇合葬墓（张雄死于公元633年，其妻死于公元688年，相隔五十五年）的发掘，更为唐代丝织品宝库增添了新的资料。其中最引人注目的发现是双面锦和缂丝，它们都被剪成小片用作随葬的木质女舞俑的服饰。双面锦以沉香色显白色变体方胜四叶纹图案，其组织与后来营盘所出对人兽树纹罽完全一致，但出现在丝织物上则以此为早。另一件宽仅1厘米的用作舞俑腰带的缂丝带，以草绿作地，显大红、橘黄、海蓝、天青、白色、沉香等八彩织成的四叶形图案，这是目前所知最早的有明确纪年的缂丝实物，十分珍贵[33]。1975年的发掘主要在哈拉和卓墓地进行，出土丝织品中包括十分精致的联珠戴胜鹿纹锦两件，双人侍坛锦覆面一件，以及各色彩绢、纱、绫等[34]。

吐鲁番的大规模考古至此告一段落，八九十年代只有小规模的考古活动[35]，而对于吐鲁番的研究却在深入进行，并在一定规模上形成了一门吐鲁番学。值得指出的是，在六七十年代还有一次偶然的发现，在距吐鲁番不远处盐湖的一座唐墓中出土了几件唐代的丝织物，包括银红地宝相花纹锦，属唐代斜纹纬锦；烟色暗花绸，斜纹地上起变则缎纹花；蓝色染缬绢及各种色彩的绢等。墓中虽然没有纪年物出土，但其织物却可以认定是非常典型的唐代风格[36]。此外，位于巴楚的脱库孜沙来遗址中也出土了一些可能为唐末时期的织物，包括双层锦及大量毛织物[37]。

2. 青海都兰的发现

自 1983 年起，另一个唐代丝绸的宝库在青海都兰被逐渐开发。这是一个极大的墓区，在都兰热水、夏日哈等乡有广泛的分布。其中最大的为 1 号墓，极为雄伟，推测是吐谷浑旧部在吐蕃时期的墓葬。

青海考古研究所以许新国为主的考古工作者自 1983 年至 1985 年间对此墓进行了发掘。墓中出土的丝织品，据统计有三百余件，包括百余种不同的图案或结构，其中大部分为锦、绫之属。丝织品花纹极美，织造极精。墓中出土物的年代不仅早到北朝至隋，而且还有大量属盛唐时期，即吐蕃占领河西走廊这一时期。

图三五　青海都兰出土红地中窠含绶鸟锦

都兰出土的丝织品尚无正式的考古报告出版，迄今所见，只有《都兰出土丝织品初探》一文，文章系统地介绍了都兰出土丝织品的品种类别与图案类型，并进行了初步的研究。从种类来看，出土物中包括早到北朝晚期或隋的平纹经锦，如红地簇四云珠日神锦；隋或初唐的斜纹经锦，如黄地对波狮象人物锦、红地对波联珠狮凤龙雀锦、橙地小窠联珠镜花锦、黄地簇四联珠对马锦等；具有中原风格的纬锦，如黄地大窠联珠花树对虎锦、黄地大窠宝花锦；带有较为强烈的中亚风格的纬锦，如红地中窠含绶鸟锦（图三五），以及织金锦带等。此外，还有各种各样的绫和罗织物，包括平纹地暗花绫、斜纹地暗花绫和素绫。都兰所出还有少量的缂丝和绀织物，弥足珍贵[38]。

都兰大墓发掘之后，都兰丝织品日益引起人们的注意。青海考古工作者在此之后又对都兰这一葬区的其他同时期的小墓进行了发掘，出土了一些纺织品。但这一地区的盗掘现象也非常严重，大量丝织品流失国外。其中部分见于报道，其质量之精美，超出人们的想象。

3. 陕西法门寺的发现

1981 年 8 月 23 日，陕西扶风法门寺塔轰然倒塌了一半。1987 年，陕西省考古工作人员对宝塔进行拆除，并开始重修的工作。在清理塔基的过程中，偶然发现了地宫后室上的藻井盖，石盖上有一道裂缝，用电筒一照，有金光反射，才发现原来这里埋藏了大量的金银器及织金锦。考古队员们打开地宫宫门，终于使埋藏一千余年的大量唐代佛教文物及皇室丝织品重见天日。

据法门寺地宫出土的碑文可知，法门寺始建于汉代，地宫中藏有佛骨。佛骨每隔三十年被迎入宫中供养一番，这在唐代时达到了极盛。碑文中所记最后一次迎送佛骨是在唐懿宗时期。此后地宫就被关闭，一直至今天才打开。因此，地宫中供奉的丝绸大部分是晚唐时期的产品[39]。

地宫分为三室，三室中均出土了大量的丝织品，数量极大。最为精美的是红罗地蹙金绣随奉真身菩萨佛衣模型一套五件，以及包裹佛指用的锦套一件。在另一个腐朽的白藤箱里，堆积的丝绸有 23 厘米厚，达 780 层之多，如将其揭开铺展，可达 400 多平方米。据目前取样分析所知，其种类有锦、织金锦、绫、缭绫、绮、罗、绣等。其中最有价值的是织金锦，所用拈金线极为精致。可惜的是总体保存状况不佳，现大部分仍封存于冰箱之中。但法门寺地宫出土的随葬物账碑《应从重真寺随真身供养道具及恩赐金银器物宝函等并新恩赐到金银宝器衣物账》，详细记载了当时供奉的各种物品名称，或许可以帮助我们了解当时丝绸的种类，其中有丝、帛、罗、花罗、绘罗、可幅绫、缭绫、织成绫、赭黄熟绿绫、细异纹绫、白异纹绫、织成绮线绫、绮、龙纹绮、辟邪绮、锦、金锦、金褐、银褐、白叠、夹缬、绣、蹙金绣等。另外，还包括丝、棉、毛等各种材料的织物。这些织物无疑是晚唐时期染织业最高水平的代表[40]。

4. 敦煌的发现

敦煌的再发现是在 20 世纪初。一位名叫王圆箓的道士打开了藏经洞的大门，在其中发现了无数的写经及各种用丝绸制成的佛幡绣像。后来，斯坦因和伯希和来到敦煌，从王道士手中骗取了大约三分之二的文物。这些文物被运到英法两国后，主要被收藏于伦敦的大英博物馆和巴黎的吉美博物馆，包括不少丝绸制成的佛幡、经帙、绣像及各种残片。

斯坦因带回的纺织品主要收藏在大英博物馆，还有部分现藏伦敦维多利亚阿尔伯特博物馆。其中大英博物馆的纺织品除有零星介绍外，主要部分均发表于日本出版的《中亚艺术：大英博物馆藏斯坦因集物》第三卷[41]，书中写出了基本的织物分析和介绍。而吉美博物馆所藏藏经洞所出织物已较完整地发表在里布夫人和维亚尔先生的《敦煌织物》（编为敦煌艺术第 13 卷）中，其织物组织的分析极细且十分准确，是敦煌织物研究的重要著作[42]。根据这两部著作的介绍，敦煌藏经洞所出织物种类繁多，其中最重要的是织锦，包括斜纹经锦、斜纹纬锦和缎纹纬锦等，其中的斜纹纬锦不仅有中原风格的，也有中亚风格的。从组织上来看，甚至还有具有晚期风格的辽式斜纹纬锦。此外，绫织物的种类也非常丰富，无论是平纹作地还是斜纹作地的暗花织物均有出现。但特别明显的一点是，有不少绫织物均可用 2－2 织法进行织造。除锦绫外，敦煌织物中还包括大量刺绣、夹缬及缂丝等织物，这些都是具有装饰性的特殊丝织物，非常珍贵。夹缬是在盛唐时期才出现的新的印染品种，刺绣已较多地采用平针绣，缂丝也在唐代新出，但敦煌所出者带有金线，而且金线是以纸作背衬。

根据藏经洞总体年代的判断来看，洞内所出文物的年代最迟为北宋初年，因此，洞中主要文物的年代应在五代时期，部分可以早到中晚唐，甚至是北朝到初唐。大多数学者都将藏经洞出土的织物当作唐代丝绸来研究[43]。

1949 年以后，敦煌文物研究所又对莫高窟部分洞窟进行了维修。在维修过程中又发现两批丝织品，一批是北魏时期的刺绣，其中一幅为有供养人广阳王及其家眷绣像的佛说法

图[44]；另一批是盛唐时期的丝织品，于 1965 年在莫高窟的
130、122、123 窟前出土[45]。敦煌文物研究所在发表报告时对
其进行了初步的鉴定，北魏时期的刺绣用的是锁绣针法，而盛
唐时期的织物以绫、绢为主，并施以碱印、夹缬、拓印等印染
加工方法。

5. 魏唐丝绸的研究

这一时期的纺织品出土甚多，而且大多集中在西北地区，
为纺织品的研究提供了极大的便利。不仅是考古的直接发掘者
或资料的直接拥有者如新疆博物馆武敏、青海考古研究所许新
国等发表介绍，进行研究，而且也引起各方学者如夏鼐、宿
白、陈娟娟、赵丰、薄小莹等进行进一步的研究。国外的学者
如里布夫人、维亚尔、盛余韵、阪本和子、横张和子也参与了
研究，获得了一大批成果。

研究的基础为整理，因此，这些唐代织物在出土之后的首
要任务是整理。整理工作受到工作条件与环境的限制，一般多
由发掘者、保管者或是当地学者先行。吐鲁番的织物由新疆博
物馆的武敏进行研究，她首先于 1962 年发表了《新疆出土汉
唐织物初探》[46]一文，对第一阶段出土的唐代织物进行了介
绍，认为其中包括锦、绮两种主要的提花织物，但锦织物均为
经线显花。后来，武敏又陆续地发表了一系列的文章，介绍了
更多的标本，特别是在《吐鲁番出土蜀锦研究》[47]和《织
绣》[48]一书中，发表了不少新整理出来的材料。部分吐鲁番丝
织物先后发表在《丝绸之路——汉唐织物》及《新疆出土文
物》等书中。

都兰丝织物的整理得到了来自纺织界的帮助。1985 年，
研究生刚毕业的赵丰来到青海，与许新国一起对都兰出土的全

部丝织品进行了织物组织的分析研究，但其成果《都兰出土丝织品初探》直到 1991 年才发表在《中国历史博物馆馆刊》[49]，文中系统地介绍了都兰出土丝织品的品种类别与图案类型，并进行了初步的研究。由于赵丰亲自参与了这一分析整理工作，其中部分材料也在其专著《唐代丝绸与丝绸之路》中出现[50]。此后，许新国也撰写了一系列论文进行了介绍，同时发表了不少经过整理的资料。

法门寺的纺织品只有少量被打开，尚无较完整的报告。但王亚蓉《法门寺塔地宫所出纺织品》一文初步地弥补了人们的缺憾，使人们得以窥其一斑[51]。王㐂的短文也可以作一补充[52]。此外，韩伟通过对地宫出土衣物账的考证，介绍了地宫所藏丝绸及服饰的总体情况，非常有益于对地宫丝绸珍宝的了解。

对于魏唐时期纺织品的研究首先也是技术问题。这里包括许多方面，但主要是织锦和印染两方面。

织锦技术的首要问题是经锦与纬锦的区别。当斯坦因和伯希和将吐鲁番及敦煌丝织品带到西方时，西方学者便分别鉴定了经锦和纬锦，认为中国在魏晋南北朝时还是以经锦为主，唐代则以纬锦为主。但是，武敏在分析吐鲁番织物的基础上，却将其中一大类西方学者定为纬锦的织物鉴定为经锦。这一观点也引起了不少中国学者的困惑。夏鼐先生在研究这一问题时指出，这是一个重要的问题，一定要弄清楚[53]。陈娟娟在对部分赴京展览的吐鲁番织物作鉴定时仍将此类织锦定为纬锦[54]。赵丰在研究都兰织物时也对这一问题进行了研究，最后提出了确定唐代纬锦的几点标准，基本解决了经锦与纬锦的区别问题[55]。但武敏在最新一次对《吐鲁番古墓出土织物新探》中仍然坚持这一观点[56]。

　　研究绮与绫等暗花织物技术问题中的最大进展是维亚尔在《敦煌织物》中提出了 2－2 织法的观点，虽然这一观点日后被扩展用于唐以前到汉和以后及辽的暗花织物，但其研究的起点是唐代织物。这种 2－2 织法是将暗花织物中的花部组织与提花组织区别开来，提花组织与地部组织的叠加形成了花部组织。这样，提花组织就可以变得比较简单，提花的程序也变得较为简单[57]。丹麦的贝克先生用提花织机亲自实践了这一理论，用 2－2 织法模拟织出了各种敦煌藏经洞出土的绫绮织物。

　　唐代印染是我国印染史上的高峰期，新型的三缬替代了早期的凸版印花，大大提高了生产力。在研究唐代印染方面，也取得了不少成绩。武敏对吐鲁番出土的印染织物进行了深入的研究，首先发表了《吐鲁番出土丝织物中的唐代印染》一文，不仅对唐代所用染料进行了研究，而且在印花织物中发现了碱剂印花的存在，将一大批原先鉴定为蜡缬的织物改正为碱剂印花产品[58]。后来，有人称之为灰缬。接着，她又发表了《唐代的夹版印花——夹缬》一文，文中探讨了唐代夹缬的各种技术，特别是它的花版，并提出了唐代已出现筛罗花版的观点[59]。关于唐代的夹缬，赵丰和郑巨欣在日后也作过不少的研究。前者通过对民间工艺的调查，找到现存的夹缬板并由此提出了唐代夹缬板为木型板的看法[60]。而郑巨欣则更进一步，按唐代夹缬雕刻了一副夹缬板进行夹缬工艺的试验，基本获得了成功[61]。这一夹缬的实验，也与日本学者对正仓院所藏夹缬工艺的研究结果相吻合。唐代印染还有一种绞缬，王�先生对其进行了实验性的研究，通过实验证实了唐代四种绞缬工艺的方法分别是扎绞法、缝绞法、打缬法和夹绞法，其中夹绞法是一种与夹缬法相结合的绞缬工艺[62]。

魏唐时期是东西文化大交流的时期，这些织物又均出土于丝绸之路沿线。因此，从东西文化交流的角度来研究这一时期织物的人为数不少。夏鼐先生是这一批研究者中的领头者。他在《新疆新发现的古代丝织品——绮、锦和刺绣》[63]及《吐鲁番新发现的古代丝绸》两文中，对魏唐时期丝织品上的东西文化交流问题进行了特别的讨论，不但从图案上论述了联珠纹与波斯图案的关系，而且还从技术上着重论述了中国丝织物从平纹到斜纹的变化和从经线显花到纬线显花的变化，并认为西方织造技术上的这些特点主要是因为采用短纤维羊毛为原料的缘故。宿白在《丝绸之路——汉唐织物》一书的序中也用了相当的篇幅来讨论丝织品上所见的东西交流因素[64]。薄小莹也沿着这一思路着重对《吐鲁番地区发现的联珠纹织物》这一反映东西文化交流的典型题材进行了深入的剖析。她将联珠纹织物按织物图案分成两类，第一类为中国所产的经锦，第二类是中亚风格的纬锦，认为两者与波斯地区的联珠纹锦是既有联系又有区别的三个织锦系统[65]。对于唐代前后丝绸艺术的类型和体系问题，赵丰在《唐代丝绸与丝绸之路》、《丝绸艺术史》及《织绣珍品：图说中国丝绸艺术史》等书中专门花了大量的篇幅来进行讨论。他将丝绸先按图案排列构成形式，分为骨架式排列、散点式排列和缠枝式排列三类，其中属于中国产的织物图案，主要是从深受西方影响的小窠联珠团花和珠窠对龙等发展到以宝花或其他花卉作环、动物纹样作主题的陵阳公样，而陵阳公样的解体为缠枝式花卉纹的兴起创造了条件[66]。

对于西方艺术对中国风格织锦图案的具体影响，已有很多人谈及联珠纹的作用，其他还有孔雀、狮子、骆驼、大象、翼马、胡商、骑士、番人等，这在各种著作中比比皆是。而俄罗斯的陆柏、加拿大的盛余韵和赵丰在这方面又进行了较为具体的研究。陆柏曾专门撰文讨论早期中世纪（相当于公元 5～8 世纪）中国纺织品中的西方题材，其中包括联珠纹和各种相关题材。盛余韵在最近发表的《吐鲁番丝绸上的织造纹样：中国还是波斯？》一文中介绍了树叶锦、棋局锦及吉字锦等一些较为简单的图案，认为它们是中国人和粟特人的结合，是中国技术和粟特图案的结合[67]。赵丰在《丝绸艺术史》和《织绣珍品：图说中国丝绸艺术史》中都花了大量篇幅来讨论中国织锦中的西方母题，特别是在《魏唐织锦中的异域神祇》一文中专门对一些重要的、与宗教有关的图案题材进行了讨论。出现在吐鲁番和都兰早期织锦中一些类似一主二宾的造型，很可能与印度宗教中的一些神像有关，后来佛教密宗中的大黑天神或就受到此类神像的影响。最有意义的是出土在都兰和吐鲁番的一些太阳神像织锦，一件是都兰和吐鲁番均有所出的簇四云珠对骑对兽日神锦，一件是都兰所出最为精彩的红地簇四云珠日神锦，还有一件是绿地小窠联珠日神锦。从最为典型的红地簇四云珠日神锦来看，云珠圈内的主题是希腊神话中的太阳神赫里阿斯（Helios）。该神头戴宝冠，冠顶华盖，身穿高领衫，腰间束紧，双手持定印放于身前，双脚相交，头后有联珠头光，身下是莲花宝座。宝座设于六驾马车之上，车上有扛戟卫士，还有两位侍从执龙首幡。这里的主题明显是希腊神话来到犍陀罗地区后的变化，头光、交脚及莲花宝座等则明显是印度佛教中的因素，而联珠圈外的"吉"字和平纹经二重的组织又无疑是中国的系统。因此，这是一件十分明显带有各方文化因素的织锦[68]。

对于纯异域题材和西方技术的织物，也有人进行了不少的研究。赵丰在同一文中论及的还有猪头锦和伊斯兰新月锦，前者猪头纹样可能是琐罗亚士德教中的伟力特拉格那神（Verethragana）的化身，后者在伊斯兰最为喜爱的新月纹上织入了"安拉保佑，胜利将临"的阿拉伯文。都兰丝织品发现之后，许新国对其中的含绶鸟锦进行了深入的研究。由于与此类织锦相邻的织物上织有波斯铭文"伟大的王中之王"，因此，许新国将其定为中国境内出土的真正的波斯锦。其纹样主题含绶鸟是王权的象征和代表[69]。

研究东西文化交流不可避免地要论及织物的产地，其实这一问题已为许多学者所谈及。有些原料的产地比较容易确定，如吐鲁番出土不少庸调布或绢绸，上面写明了出自何地，基本上可以知道是来自中原地区的[70]。有些棉织物，由于在吐鲁番当地出土了棉籽等，也可以认定是新疆当地的产品[71]。但在丝织物中，这一问题就相对较难了。一般学者只是说到内地或西域，如夏鼐只是将其笼统地称为"一些带有典型的波斯萨珊朝式纹锦的中国丝织品以及一些可能是波斯或中亚的丝织品"；薄小莹将第一类联珠纹归于中国织物，而称第二类联珠纹锦可能是产自粟特地区。但是，也有人专门对某一地区生产的织物进行了研究，如武敏对《吐鲁番出土蜀锦的研究》一文，将人们称为是产于内地的一类织物更明确地归于蜀地，而且这种以四川为主生产丝绸的格局到宋代仍未改变[72]。贾应逸对新疆丝织技艺的特点作了仔细的分析，这些特点包括用加Z捻的丝线、平纹纬二重组织，以及粗糙的表现效果与简略的图案设计[73]。许新国则将都兰出土的含绶鸟锦分成两类，一类是以站于棕榈台上的含绶鸟为特点，是典型的波斯锦；另一类则以站于平板台上的含绶鸟为特点，则可能是产于中亚地区的粟特锦[74]。当然，这些研究还都只是推测，距离真正地解决问题，还有很长的一段路。

注　释

［1］新疆维吾尔自治区博物馆《新疆民丰县北大沙漠中古遗址墓葬区东汉合葬墓清理简报》，《文物》1960 年第 6 期。

［2］武敏《新疆出土汉唐丝织品初探》，《文物》1962 年第 7～8 期。

［3］贾应逸《略谈尼雅遗址出土的毛织品》，《文物》1980 年第 3 期。

［4］孟凡人《论尼雅 59MNM001 号墓的时代》，《西域研究》1992 年第 4 期。

［5］新疆维吾尔自治区文物局等《丝绸考古珍品》，上海译文出版社 1998 年版。

［6］王炳华《尼雅 95 一号墓地三号墓发掘报告》，《新疆文物》1999 年第 2 期。

［7］新疆文物考古研究所《新疆民丰县尼雅遗址 95MN1 号墓地 M8 发掘简报》，《文物》2000 年第 1 期。

［8］于志勇《尼雅遗址出土"五星出东方利中国"锦织文浅析》，《鉴赏家》第 8 期，1998 年。

［9］赵丰《织绣珍品：图说中国丝绸艺术史》，《艺纱堂／服饰》，香港，1999 年。

［10］［日］阪本和子《关于尼雅遗址出土的纺织品》，《中日共同尼雅遗迹学术调查报告书》第二卷，1999 年。

［11］［日］切畑健《尼雅遗址出土的染织品调查》，中日尼雅遗址学术研讨会，乌鲁木齐，2000 年。

［12］新疆楼兰考古队《楼兰古城址调查与试掘简报》，《文物》1988 年第 7 期。

［13］阿合曼提·热西提《洛浦县山普拉古墓地》，《新疆文物》1985 年第 1 期；新疆维吾尔自治区博物馆《洛浦县山普拉古墓发掘报告》，《新疆文物》1989 年第 3 期。

［14］新疆文物考古研究所《新疆尉犁县因半墓地调查》，《文物》1994 年第 4 期。

［15］李文瑛、周金玲《营盘墓葬考古收获及相关问题》，《丝路考古珍品》，上海译文出版社 1998 年版。

［16］甘肃敦煌县博物馆《敦煌佛爷庙湾五凉时期墓葬发掘简报》，《文物》1983

年第 10 期。

[17] Krishna Riboud, A Closer View of Early Chinese Silks, Studies in Textile History, Royal Ontario Museum, Toronto, 1977.

[18] 沈从文著、王㐨增订《中国历代服饰研究》（增订本），商务印书馆（香港）1992 年版。

[19] 赵丰《云气动物锦纹的系谱》，《浙江丝绸工学院学报》1989 年第 3 期。

[20] 俞伟超《东汉佛教图像考》，《文物》1980 年第 10 期。

[21] 赵丰《蓝白蜡缬棉布》，《中华文物鉴赏》，江苏教育出版社 1990 年版。

[22] Ellen Johnston Laing, Recent finds of Western – Related Glassware, Textiles, and Metalwork in Central Asia and China, Bulletin of the Asia Institute, Vol 9, 1995.

[23] 李吟屏《洛浦县山普拉古墓地出土缂毛裤图案》，《文物》1990 年第 11 期。

[24] 阿合曼提·热西提《洛浦县山普拉古墓地》，《新疆文物》1985 年第 1 期。

[25] 李文瑛、周金玲《罕见的红地对人兽树纹阒袍》，《鉴赏家》第 8 期，1998 年。

[26] 钱伯泉《从新疆发现的有翼人像看希腊、罗马文化的东传》，《丝绸之路》1995 年第 5 期。

[27] 同 [15]。

[28] 新疆博物馆《新疆吐鲁番阿斯塔那北区墓葬发掘简报》，《文物》1960 年第 6 期。

[29] 同 [2]。

[30] 新疆博物馆《吐鲁番阿斯塔那—哈拉和卓古墓群清理简报》，《文物》1972 年第 1 期。

[31] 新疆博物馆《吐鲁番阿斯塔那—哈拉和卓古墓群发掘简报》，《文物》1973 年第 10 期。

[32] 新疆博物馆《1973 年吐鲁番阿斯塔那古墓群发掘简报》，《文物》1975 年第 7 期。

[33] 新疆博物馆《吐鲁番阿斯塔那 363 号墓发掘简报》，《文物》1975 年第 7 期。

[34] 新疆博物馆考古队《吐鲁番哈拉和卓古墓群发掘简报》，《文物》1978 年第 6 期。

[35] 吐鲁番地区文管所《1986 年新疆吐鲁番阿斯塔那古墓群发掘简报》，《考古》1992 年第 2 期。

[36] 王炳华《盐湖古墓》，《文物》1973 年第 10 期。

[37] 李遇春、贾应逸《新疆脱库孜沙来遗址出土毛织品初步研究》，《考古学会

第一次年会论文》，文物出版社 1980 年版。
[38] 许新国、赵丰《都兰出土丝织品初探》，《中国历史博物馆馆刊》1991 年第 15～16 期。
[39] 王㐨《法门寺织物揭展后的保存情况和已揭展部分的初步研究》，《法门寺学术讨论会》，西安，1985 年。
[40] 韩伟《法门寺地宫唐代随真身衣物帐考》，《文物》1991 年第 5 期。
[41] Roderick Whitfield, The arts of central Asia: The Stein colleciton in the British Museum, Kodansha International Ltd, Tokyo, 1982.
[42] Krishna Riboud and Gabriel Vial, Tissus de Touenhouang, Paris, 1970.
[43] 高汉玉等《敦煌窟藏的丝绸与刺绣》，《丝绸史研究》1985 年第 4 期。
[44] 敦煌文物研究所《新发现的北魏刺绣》，《文物》1972 年第 2 期。
[45] 敦煌文物研究所《莫高窟发现的唐代丝织品及其他》，《文物》1972 年第 12 期。
[46] 同 [2]。
[47] 武敏《吐鲁番出土蜀锦研究》，《文物》1984 年第 6 期。
[48] 武敏《织绣》，台湾幼狮文化事业公司 1992 年版。
[49] 同 [38]。
[50] 赵丰《唐代丝绸与丝绸之路》，三秦出版社 1992 年版。
[51] 王亚蓉《法门寺塔地宫所出纺织品》，《文物》1988 年第 10 期。
[52] 同 [39]。
[53] 夏鼐《新疆新发现的古代丝织品——绮、锦和刺绣》，《考古学报》1963 年第 1 期。
[54] 陈娟娟《新疆吐鲁番出土的几种唐代织锦》，《文物》1979 年第 2 期。
[55] 同 [50]。
[56] 武敏《吐鲁番古墓出土丝织品新探》，《敦煌吐鲁番研究》第 4 卷，1999 年。
[57] 同 [42]。
[58] 武敏《吐鲁番出土丝织物中的唐代印染》，《文物》1973 年第 10 期。
[59] 武敏《唐代的夹版印花——夹缬》，《文物》1979 年第 8 期。
[60] 赵丰《夹缬》，《丝绸》，1991 年第 4～5 期。
[61] 郑巨欣《中国古代雕版印花艺术的研究》，浙江美术学院硕士论文，1990 年，杭州。
[62] 王㐨《中国古代绞缬工艺》，《考古与文物》1986 年第 1 期。
[63] 同 [53]。
[64] 新疆博物馆出土文物展览小组《丝绸之路——汉唐织物》，文物出版社 1972

年版。

[65] 薄小莹《吐鲁番地区发现的联珠纹织物》,《吐鲁番古墓葬出土艺术品》,新疆美术摄影出版社 1994 年版。

[66] Zhao Feng, Silk Roundels from the Sui to the Tang, HALI, London, May 1997, Issue 92.

[67] Angela Sheng, Woven Motifs in Turfan Silks: Chinese or Iranian, Orientations, April, 1999.

[68] 赵丰《魏唐织锦中的异域神祇》,《考古》1995 年第 2 期。

[69] 许新国《都兰吐蕃墓出土含绶鸟织锦研究》,《中国藏学》1996 年 1 期。

[70] 孔祥星《唐代"丝绸之路"上的纺织品贸易中心西州——吐鲁番文书研究》,《文物》1982 年第 4 期。

[71] 王仲荦《唐代西州的缣布》,《文物》1976 年第 1 期。

[72] 同 [47]。

[73] 贾应逸《新疆丝织技艺的起源及其特点》,《考古》1985 年第 2 期。

[74] 同 [69]。

四

宋辽金夏纺织

（一）宋辽金夏时期的纺织生产

宋代统治中原前后约三百年，与唐朝相比，占据的疆土稍稍偏南。在北方还有辽、西夏、金等少数民族政权。因此，宋代的政治和经济重心在逐渐南移。到南宋时，我国的纺织生产中心已经移到了以长江三角洲地区为中心的江南地区。这一地区经济繁荣，文化发达，织绣艺术也得到了与文人相结合的新发展。

由于北方少数民族的加入，宋、辽、金、夏各朝变得空前喜好织绣品，尤其是丝绸品。契丹统治者直接继承了唐代的风格，并从以定州为中心的北方丝织生产重地掠取丝织工匠，为契丹人生产锦绫等高档丝织品。从新近发现的大量辽代贵族墓葬出土织物来看，其织绣品量大艺精，出乎人们意料之外。女真统治者也是一个酷爱丝织物尤其是加金线丝织物的民族。从阿城金墓出土情况来看，正是从金代起，加金织物被大量地应用。当然，宋朝的官营织绣作坊就更多了。在京城，少府监属下的绫锦院、染院、文思院、文绣院等都是织绣生产的主要机构，其中绫锦院有织匠一千余人，织机四百多张，主要生产衣料等纺织品；文思院下有绣作、克丝作等织绣作坊，主要生产各种装饰艺术品；文绣院共有绣工三百人，主要制作服舆中的绣品。除此以外，宋代还先后在西京、真定、青州、益州、梓州、江宁府、润州、大名府、杭州、湖州、常州、潭州等地设置过主织锦绮、鹿胎、透背、绫罗等各种丝织产品的场院。

　　宋、辽、金、夏时期的织绣品种类有不少创新。各种以地络类组织为基础的花名织物大量涌现，此类织物使双色织物流行一时。绞纱组织采用了新的有固定绞组结构，大量二经绞织物与三经绞织物出现，与原先的四经绞链式罗并驾齐驱。织锦等多彩织物更是如此，组织多变，因而形成了宋锦系列。宋代官服上大量用锦都属宋锦一类，有八答晕锦、天下乐锦、翠毛狮子锦、簇四盘雕锦、盘球锦、云雁锦、方胜练鹊锦、方胜宜男锦、红团花大锦、青地莲荷锦、倒仙牡丹锦、黄花锦、宝照锦、法锦等。

　　绫的种类亦开始多变，各种以斜纹为基础的绫织物出现，宋朝官服、官诰、度牒及书画装裱等也大量用绫。据陶宗仪《南村辍耕录》载，宋朝御府所用书画绫引首和托里的名目有碧鸾、白鸾、皂鸾、皂大花、碧花、姜牙、云鸾、樗蒲、大花、杂花、盘雕、涛头水波、重莲、双雁、方棋、龟子、枣花、鉴花、叠胜等。

　　这一时期织绣艺术的另一特点是缂绣合流的趋势。缂丝在唐代出现，到宋代还是以实用品为主，宋代用缂丝制作大量服装用品。庄绰《鸡肋篇》中记载，用缂丝织妇人衣服需花一年时间。洪皓《松漠纪闻》中也有回鹘人用缂丝织袍的记述。出土实物更多为缂丝帽、缂丝靴套等。此外，缂丝还常被用作装裱用品。周密《齐东野语》载，绍兴御府所藏法书中两汉三国二王六朝隋唐君臣墨迹用缂丝作楼台锦裱。现存大量传世宋代缂丝多是以这种形式保存下来的，这也是缂丝向欣赏性艺术品发展的过渡。刺绣也是如此，虽然它还在服饰中大量使用，但也有更多的刺绣增加了艺术化的创作成分，这可能是继承唐代刺绣佛像的传统。在此基础上，宋代开始出现大量的织绣艺术家，如朱克柔、沈子蕃等。缂丝作品有缂丝榴花双鸟、山茶牡丹、莲塘乳鸭等，风格与宋代院画相似。

（二）辽代纺织品

辽是契丹人建立的政权，中心位置在今内蒙古和辽宁一带，因此，辽代纺织品的发现，集中在内蒙古东部和辽宁西部。虽然辽代纺织品在历年均有所发现，但近年随着耶律羽之墓及庆州白塔纺织品的出土，辽代纺织品成为纺织考古发现中的一个热点，有近二十座墓葬中出土了重要的丝织品并已经鉴定。

辽墓出土丝织品的最早发现是内蒙古赤峰大营子辽赠卫国王墓。此墓发掘于 1954 年，共有三座辽墓被同时发掘，其中一座被确认为辽赠卫国王萧屈列之墓。根据出土的墓志可知其入葬年代为公元 959 年[1]。此墓出土了大量织绣品，但由于当年对丝织品还缺少有效的保护措施，因此目前保存状况不佳。经中国丝绸博物馆鉴定，其中的织绣种类也非常多，织金锦、妆花绫、金线绣、纱罗等属于上乘的丝织品[2]。

1974 年，辽宁法库叶茂台也发现了一座属于辽代早期的墓葬。墓主人是一个老年女性，身上穿着十余件衣裳，有长袍、短袄、裙、裤、套裤等。头上有四层冠帻，手戴绣花分指手套，脚着齐膝缂丝软靴。经初步鉴定，共有绢、纱、罗、绮、锦和缂丝等七类九十余个品种规格。此墓虽未发表正式的发掘报告，但其中不少重要的丝织品种已在各种不同的场合介绍。其中包括刺绣对鹿纹袍的残件和以刺绣为主体、缂丝为边

图三六　内蒙古赤峰耶律羽之墓墓门及前室

饰的高翘冠残件及缂丝尸衾等。特别是其中的缂丝尸衾，为一夹被，长约 2 米，由宽窄和长短不一的横幅七幅拼成，赭黄色地金线缂丝作面，棕黄色纱作里，纹样为龙、火珠、山、水、海怪等，是辽代缂丝织面中最大、图案最为华丽的一件[3]。

　　辽代早期丝织品最为重要的一次发现为位于赤峰阿鲁科尔沁旗罕苏木的耶律羽之墓[4]（图三六、三七）。墓主人耶律羽之是辽太祖耶律阿保机的堂弟，曾任东丹国的右次相，生前地位显赫，死于公元 941 年，葬于次年。其墓于 1992 年被盗，随后由内蒙古考古研究所进行清理。其中所出的丝织品由中国丝绸博物馆全权鉴定，鉴定报告中所列不同织绣品种达一百余件，包括锦、绢、绮、绫、纱、罗、织金锦等，采用编织、印染、刺绣、描绘等工艺制作。其中部分已随简报和赵丰及齐晓

图三七 耶律羽之墓出土葵花对鸟雀蝶妆花绫袍纹样（线图）

光《耶律羽之墓丝绸中的团窠和团花图案》一文发表，如团
窠花卉对凤织金锦、绢地刺绣球路纹大窠卷草对雁、紫罗地蹙
金绣大窠卷草对雁、黄罗地刺绣飞鹰逐鹿、绮地描墨莲花、绫
地描金团窠仕女、卷云四雁宝花绫、簇六宝花花绫等[5]。此
墓中最为引人注目的丝织品种类有三种。一是缎纹纬锦，即采
用五枚缎作为基本组织、以纬二重的方法使纬线表里换层而显

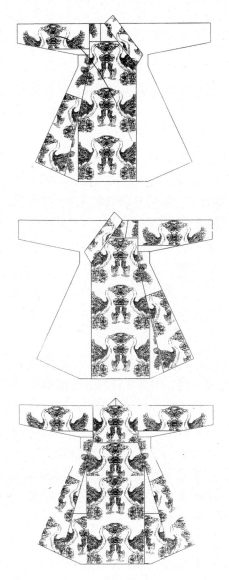

图三八 复原的雁衔绶带锦袍（线图）

花。这种缎纹纬锦虽在敦煌及辽赠卫国王墓中均有发现，但一直未能引起人们的重视。据赵丰的研究，这种缎纹纬锦在中国丝绸技术史上有着非常重要的地位。它从唐代的斜纹纬锦发展而来，在晚唐和辽代达到极盛，到元代则简化为一般的正反五枚暗花缎。因此，它是从斜纹纬锦到五枚暗花缎的桥梁。二是妆花技术。在此以前，唐代基本未见妆花织物，宋代的妆花也十分少见，但此墓中出土的团窠花卉对凤织金锦一方面以缎纹纬锦为地，另一方面在织金处采用通经断纬的挖梭方法，使金线只用于局部范围，这就是妆花技术，对后世的影响也非常大。三是织成的设计和织造方法。所谓织成就是将织物的图案按服装的要求进行设计，然后进行织造。此墓出土的花树狮鸟织成紫绫袍就是一例。其由上到下只有一个图案循环，中间为海石榴花树，树上有数只山鹧鸪鸟，树下有一对狮子。显然，这一图案设计与袍服的款式完全配套，织造时也专门按其式样织造。

与此同时，内蒙古兴安盟代钦塔拉辽墓中也有非常重要的发现。此墓亦曾被盗，但墓中丝织品还基本保持完好。墓内无任何纪年物，但出土的雁衔绶带锦袍及团窠莲瓣童子锦袍，与耶律羽之墓中所出完全相同（图三八），因此可以断定墓葬的年代及墓主人的身份与耶律羽之非常接近[6]。另外两座更早的带有明确纪年的辽墓（公元 923 年）在内蒙古阿鲁科尔沁旗发现，墓中也出土了大量的丝织品，但种类没有耶律羽之墓和代钦塔拉墓那样丰富[7]。

辽代中晚期丝织品也出土不少，其中最为重要的是巴林右旗辽庆州白塔塔顶发现的丝织品[8]。此处丝织品属于辽兴宗重熙年间（公元 1032～1055 年）皇室供奉给白塔的供品，等级

图三九　内蒙古辽庆州白塔出土红罗地联珠人物纹绣

很高，保存情况极佳，色彩至今还非常鲜艳。虽然种类不多，大多为罗绫之属，但非常有特色。一是其中的刺绣极为精美，有四件巾帕类刺绣一起出土，两件绣有龙纹和山云之属，另两件绣有树纹花卉等形状。另外，还有一件是红罗地联珠人物纹绣（图三九），中间人物骑马，人作侧骑正视状，戴皮棉帽，穿皮棉袍，着棕色皮靴。脸形方正壮实，蓄黄色胡须，并朝两边翘起，疑为髭发之变形，或为冠饰。两手高擎，上立两只鹰，应是当地的猎鹰海东青。马亦披挂，马尾扎成花状。其余空隙处散布各种杂宝纹样，如犀角、双钱、竹磬、法轮、珊瑚等。联珠圈上下还各有两行联珠条。二是出土了不少夹缬作品，包括棕地云雁夹缬绢、莲花夹缬罗、萱草夹缬罗、红地松树夹缬罗等。这是辽代夹缬的集中发现，十分珍贵[9]。与此相类似的出土物在赤峰解放营子[10]和哲里木盟小努日木辽墓[11]中也有出土，可以看作是同属辽晚期的作品。这两处发现虽然未曾有完整的报告发表，但由于出土织物有不少陈列于赤峰博物馆和哲里木盟博物馆，因此可以知道其大概的情况。

辽代晚期丝织物出土中还有一处曾经十分轰动，即位于内蒙古中部的豪欠营辽墓。由于墓中出土了一具基本完整的契丹女尸，又在全国各地进行过巡回展览，因此名声甚大。墓中出土的织物基本上都是罗织物，服饰形式也保存尚好，只是报告发表时比较简单[12]。辽代晚期墓葬出土丝织品还有不少，如哲里木盟小努日木、赤峰解放营子等墓，巴林左旗也有若干小型辽墓出土了丝织品[13]。所有这些丝织品基本上均由中国丝绸博物馆进行鉴定，其中赵丰和薛雁做了大量的工作。

近年，辽代丝绸与服饰在国外博物馆中的收藏也越来越多，如美国克利夫兰博物馆和法国 AEDTA 中心均收藏了一部分辽代丝织物。克利夫兰博物馆收藏的辽代织物非常精致，其中的缂丝软靴、织锦软靴、刺绣罗袍等[14]，AEDTA 中心收藏的部分织物与耶律羽之墓中出土的紫罗地刺绣团窠卷草对雁和罗地球路大窠卷草对雁居然非常相似[15]。对于这些织物，克利夫兰的华安娜（Anne Wardell）和法国的里布夫人均有极深入的研究。

（三）金代纺织品

目前所知的金代丝织品只有两处出土，一是黑龙江阿城金代齐国王墓出土的大量金代贵族所用的纺织服饰，二是山西大同金代阎德源墓出土的道教冠服。

阎德源墓位于大同城西约 1 公里处，于 1973 年发掘。墓主为金代西京玉虚观宗主大师，出土物中以木质明器为主，同时还有丝织品二十四件，其中包括合领直襟宽袖大道袍，边饰刺绣云鹤纹；鹤氅一件，共绣鹤一百零六只；罗地交领单道袍一件，袖口与袍边亦绣云鹤纹；福禄纹夹衬垫一件，以刺绣鹿纹为主题；围裙、腰带、云头海桃口鞋、尖头棉鞋等数件。此外，还有一件绒道冠，保存状况不佳。这二十四件衣冠不仅是金代服装的重要实例，也是罕见的道教服装实例[16]。

金代齐国王墓位于黑龙江阿城巨源乡城子村，于 1988 年发掘。墓主人据研究可能是完颜晏，金太宗时曾任吏、礼两部尚书，海陵王时封王，一直到齐王。大定二年（公元 1162 年）卒。墓中出土遗物达百余件，其中男女服饰计三十余件，种类有袍、衫、裙、裤、冠、靴、鞋、袜等。所用的丝织品种类也比较齐全，计有绢、绫、罗、绸、纱、锦等（图四〇），纺织水平较高，大量使用织金技法，也有印金、描金等。织物图案丰富多彩，有夔龙、鸾凤、飞鸟、云鹤、如意云、团花、忍冬、梅花、菊花等[17]。

齐国王墓出土的丝织服饰引起了学者们极大的兴趣。纺织品中最为突出的是加金织物，包括织金绢、织金绫等。郝思德等对其进行了专门的研究。他们将织金锦按地组织分成平纹地织金锦、斜纹地织金锦、绞经地织金锦三种。织金大多采用片金，除通梭织之外，还采用了挖梭工工艺。文章还对金代织金的来历及历史地位进行了分析，认为金代织金技术源自宋与西域回鹘金绮织工两个方面，又对元代织金锦纳石失的兴起产生了极大影响。可以说，元代著名的纳石失金锦正是承袭了金代用金习尚发展而来的。

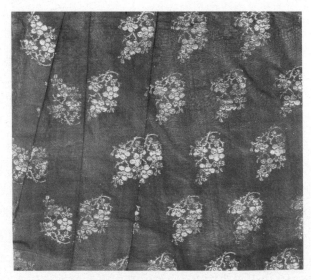

图四〇　黑龙江阿城齐国王墓出土折枝梅织金绢裙（局部）

而挖花的工艺，则一直延续到明代的云锦中的妆花[18]。阿城金墓中的织金锦也引起了国外学者如屈志仁（James Watt）等的重视。由于其织金织物背后出现地纬抛梭的现象，因此，目前收藏在西方国家的一大批具有类似现象的织物均被参照定为金代织物[19]。

除高汉玉作过部分研究外[20]，对于金代服饰的研究只有发掘者赵评春。他在该墓发掘之后花费了大量心血进行出土服饰的研究，并出版了《金代服饰：金齐国王墓出土服饰研究》一书，是研究金代服饰的唯一一部著作。该书发表了墓中出土的全部服饰资料，并对各种服饰进行了详细的考订，而其中不少考证，如吊敦、兜跟、六合靴、花珠冠等，都有作者的创见。同时，他还对女真族早期服饰与龙纹服饰的年代作了考证，并总结出女真服饰的左衽和尚白的特点[21]。

（四） 西夏纺织品

从史料来看，西夏基本不产纺织品，除了为宗教目的有一些回鹘织工在西夏生产缂丝外，几乎所有的丝绸都是从外地输入的。因此，西夏地区出土的纺织品并不多。

西夏织绣品的最早出土集中在黑水城遗址。俄国探险家科兹洛夫通过在黑水城的发掘，掠去大量文物，其中包括不少织绣品，现藏俄罗斯圣彼得堡爱米塔什博物馆。由于俄藏黑水城的大部分文物未发表，人们很难了解其中的内容。但是，部分织绣珍品还是不同程度地得到发表，使我们得以知道某些内容。一些有名的唐卡，也是用缂丝和刺绣技法制成的，如缂丝绿度母等。另外，还发现一些夹缬作品，不仅是唐卡上的装裱材料，而且有各种残片出土。此类织物在内蒙古的考古人员于80年代再度进入黑水城考古时还有所发现[22]。另外，1976年在距黑水城东约20公里处的老高苏木遗址中也出土了一些西夏织绣品，这些织物现藏甘肃省博物馆[23]。

西夏陵区考古是国内对西夏纺织品第一次较重视的研究。考古学者在西夏陵区108号墓中发掘到一些丝织品残片，其中有斜纹作地的工字纹绫、辽式斜纹纬二重织锦。这些织锦当时得到了上海纺织科学院专家的鉴定，但其中的茂花闪色锦的分析却不一定准确[24]。

近年，随着对西夏佛塔维修工作的进一步开展，银川附近的一些佛塔中也出土了不少的纺织品，如位于拜寺口的双塔和方塔等。其中在双塔中除了发现大量珍贵的唐卡之外，还发现了三件相同的方胜婴戏印花绢，至少用黑、红、黄三色印成，加上白色留地，共为四色，图案造型非常生动。而方塔中出土的种类更多一些，有绫、罗、纱、绢及妆花绫，其中部分织物已与元代的一些织物非常相似，或可以显示出其相互的关联。但是，这些织物大部分尚未得到深入的研究[25]。

关于西夏织物中研究最多的要数缂丝唐卡。以现藏爱米塔什博物馆的缂丝绿度母为标准，还有一批出自西藏的西夏缂丝唐卡被确认。

美国的屈志仁与华安娜对同类缂丝进行了非常深入的分析，发现西夏缂丝背后的多余丝线均不剪断，这一特征只是在西夏缂丝中才出现。他们也对西夏缂丝的技术来源进行了分析，认为其织工主要来自回鹘地区，直到蒙古人占领西夏后仍将其部分作品带入西藏[26]。

（五）回鹘地区的织物

目前所知，这一时期的回鹘地区纺织品主要是在高昌回鹘佛教洞窟和新疆阿拉尔出土的一批服饰。

德国人勒柯克曾对高昌地区的千佛洞进行发掘，发现了一大批回鹘时期的织物。织物的正式技术报告尚未发表，但其主要的织物照片已经发表。从照片看，大部分织物均是残片，种类有锦、绫、纱、绢、刺绣和印花等，其中某些织物的风格与敦煌藏经洞中发现的织物相似。其年代大多可定为公元 10 世纪前后[27]。同类织物在旅顺博物馆也有收藏。

1951 年，在新疆阿拉尔发现一座古墓，出土了一部分服饰，但当时又将其原地埋葬。1956 年，考古人员再次将其发掘出来，发现男尸身上的衣服保存还是相当完好。北京故宫博物院魏松卿对其进行了鉴定，初步确定出土服装共有球路双鸟锦袍、灵鹫对羊锦夹袍、樗蒲绫单袍、素绸单袍等。根据同墓所出土的瓷器和织物的图案，魏松卿将其年代定为北宋年间，在当地即相当于回鹘时期[28]。此后，球路双鸟锦袍被调至北京，陈列于故宫博物院，并得到了学者们的重视和研究，其余各件服饰均藏新疆博物馆。对于球路双鸟锦的定名，周锡保和赵丰倾向于使用宋代史料中的簇四盘雕锦一名[29]。张琼则称其为灵鹫纹锦袍，并将其年代上推到公元 8 世纪前后[30]，但似乎证据尚嫌不足。

（六） 北宋纺织品

北宋时期的纺织品主要发现于一些佛塔的塔基或是地宫，较为重要的共有四处：一是江苏镇江甘露寺铁塔塔基，二是浙江瑞安慧光塔塔身，三是苏州虎丘云岩寺塔塔身，四为苏州瑞光寺塔塔心窨穴。镇江甘露寺铁塔位于北固山后峰东南，1960 年发掘，出土遗物两千余件。其中在禅从寺银椁、漆盒、银圆盒等器物外均包有丝织品，并且还有单独的丝织品出土。这些织物均重重叠叠，不易打开，但仍可辨认出有罗、绢、锦等不同种类。根据出土情况判断，这些丝织品均应是北宋元丰元年（公元 1078 年）时铁塔建成时埋入的[31]。瑞安慧光塔建成于北宋庆历三年（公元 1043 年），于 1966 年到 1967 年间清理。塔内发现的丝织品共有两种。一是三方在红素罗地用黄、白等粗绒绣成对飞的翔鸾团花双面图案，被称为是我国最早的双面绣。但事实上，它与后来的双面绣有着原则上的不同。二是佛经中所夹的彩色丝带，虽然窄小，但

图四一　湖南衡阳何家皂山北宋墓出土牡丹莲蓬童子绫

却非常精致[32]。苏州虎丘云岩寺塔建成于公元961年。其中
发现了经袱和经帙。经帙用云纹瑞花锦制成，虽然已经有些
破残，但色彩与图案仍是非常清晰。经袱则用绢地宝花纹刺
绣制成[33]。苏州瑞光塔出土物中包括大量罗织物，同时还有
宝花孔雀纹锦，组织色彩与云纹瑞花锦基本一致。从塔上发
现的写经或刻经年代来看，年代基本是属于北宋初期[34]。

　　属于北宋时期的发现大量丝织品的墓葬只有一处，位于湖
南衡阳何家皂山。此墓于1973年发掘，墓主为一男性，主要
出土物为服饰与纺织品，清理出纺织品残片较大者共二百余
件、片，其中可辨认者有丝绵袍一件、丝绵袄六件、夹衣三

件、单衣一件、裙五条、丝绵被一条、纱帽一顶和鞋四双。湖南省博物馆陈国安对所有织物进行了较为细致的研究和鉴定，将所有织物分成纱、绫、罗等几类。纱有素纱和花纱两种，其中的黑缠枝牡丹花纱单衣残片以三经为一绞组，并以三枚斜纹作花，这是同类组织的最早发现，此后在南宋墓中十分常见，学者们一般称为三经绞罗。陈国安所称的罗基本上都是四经绞罗，有素和花之分，花罗也只用连钱纹、方格纹、菱形纹及圆形小点花纹等小几何花纹。绫是出土丝织品中最为重要的一种，也有多种结构，如平纹为地的金黄色菱形点花绫、金黄色方格小点花交梭绫，四枚斜纹为地的黄褐色回纹绫、三枚斜纹为地的棕色富字狮子滚绣球藤花绫和缠枝花果童子绫、六枚斜纹地的深褐色仙鹤藤花绫和金黄色牡丹莲蓬童子绫等（图四一）。值得注意的是，陈国安使用了较为独特的命名方法，如将三经绞织物称为花纱，将平纹地暗花织物称为绫等[35]。

（七）南宋纺织品

相对于北宋丝织品而言，南宋织物的发现就较为丰富了，江南地区的不少南宋墓中均出土了丝织品，如浙江兰溪香溪高氏墓、江苏镇江金坛周瑀墓和常州武进村墓[36]、江西德安周氏墓、福建福州黄昇墓与茶园山墓等。特别是后三座墓葬，出土物特别丰富，成为南宋丝织品的重要代表。

福州黄昇墓是南宋纺织考古中最为重要的一处。1975年，黄昇墓在福州浮仓山上被发现，考古人员随即对其进行了发掘。与女性墓主人（死于南宋淳祐三年，公元1243年）共出成

图四二　福建福州黄昇墓出土花罗上的芙蓉梅花纹样（线图）

件服饰及丝织品三百五十四件，其中包括袍九件，衣四十六件，背心八件，裤二十四件，裙二十一件，抹胸一件，围兜一件，卫生带一件，裹脚带一件，巾十四件，佩绶两件，香囊一件，荷包一件，鞋六双，袜十六双，被衾五条，粉扑一件，带十件，花边十二件，裙腰一件，丝线六件，丝绵块八件，整匹丝织品和剩料三十三件，丝织品残片一百二十件（图四二）。以上织物大多保存完好，为研究南宋丝织品提供了极好的资料[37]。赵承泽首先对黄昇墓中出土的部分丝织种类进行了探讨，提出了一些有益的看法，如一些纬线一粗一细的平纹地提花织物应为花绝，四经绞罗用无筘的罗织机织制[38]。而后，上海纺织科学研究院等协助鉴定其中的纺织品，使最后出版的发掘报告中的丝织品部分非常详细而全面，以至日后对黄昇墓出土织物很少再有其他文章发表。

德安周氏墓的情况及出土的丝绸服饰均与黄昇墓相似。周氏于咸淳十年（公元1274年）葬于德安城郊桃源山。该墓于1988年发掘，出土遗物四百零八件。其中也以服饰和丝织品居多，共三百二十九件，计有袍四十五件，上衣一件，丝绵袄三件，裤六件，裙十五件，卫生带三件，裹脚带一件，荷包一件，鞋七双，袜七双，手帕一件，罗带一件，丝线六十五件，整匹丝织品四件，剩料五件，丝织品残片一百五十件，保存情况基本完好[39]。周氏丝织服饰出土后，由中国丝绸博物馆协助鉴定，出具了正式的鉴定报告。在此基础上，德安县博物馆和中国丝绸博物馆又作了进一步的研究。除《德安宋墓出土丝织品与纹饰初探》一文外，杨明等又发表了《德安南宋周氏墓纺织品残片种类与工艺》。最后，周迪人等出版了《德安南宋周氏墓》一书，成为对此墓纺织品鉴定的小结[40]。

福州茶园山南宋墓的绝对纪年为宋端平二年（公元1235年），与黄昇墓的位置及年代均十分接近，其中有很多衣料和款式也基本相同，且数量更大。但在黄昇墓的巨大光环下，茶园山宋墓一直默默无闻。与黄昇墓出土丝织品相近的还有常州武进村前南宋墓。此墓群共有六座，其中出有丝织品的为1号墓和5号墓。据发掘者的观察，其中大部分织物与黄昇墓出土物十分相似，年代也相距不远[41]。

与黄昇墓同年发掘的江苏金坛周瑀墓，年代属于南宋早期。墓主人为一太学士。墓中出土丝绸服饰三十三件，计有衫十六件、丝绵袄两件、抹胸一件、裳两件、蔽膝一件、裤七件、袜裤一件、履一双、褡裢一件。从织物种类来看，有素纱、提花纱、素罗、花罗、绮、绫等，其中绮有不少的图案变化，但多数为几何形之类[42]。

除此以外，浙江兰溪高氏墓也出土了不少纺织品。此墓主人是潘慈明前妻高氏。墓中出有淳熙六年（公元1179年）和乾道七年（公元1171年）等告身，因此可以知道年代属南宋中叶以前。与其他的南宋墓一样，墓中出土大量丝织服饰，其中较完整的有单衣和夹衣各一件，裤子四条。更为特殊的是墓中出土了一条棉毯，这是目前所知年代最早、最为完整的棉毯，长251、宽116厘米。棉毯用纯棉纱织成，经纬粗细一致，两面均匀拉毛。这条棉毯的出土为南方棉纺织业的历史提供了实物资料，引起了广泛的关注。先是汪济英对此作了介绍并进行了初步的研究[43]，然后钟遐又作了进一步的发挥，将我国长江流域的棉纺织发展期从宋末元初提前到宋代[44]。但是，容观琼发表文章对钟遐的观点提出了商榷，认为这条棉毯尚不能作为当时棉织品普及的证据[45]。

注　释

[1] 辽宁省博物馆《赤峰县大营子辽墓发掘报告》，《考古学报》1956年第3期。

[2] 赵丰、薛雁《辽驸马赠卫国王墓出土丝织鉴定报告》，中国丝绸博物馆鉴定报告第Ⅲ号，1992年。

[3] 辽宁省博物馆等《法库叶茂台辽墓纪略》，《文物》1975年第12期。

[4] 内蒙古文物考古研究所《辽耶律羽之墓发掘简报》，《文物》1996年第1期。

[5] 赵丰、齐晓光《耶律羽之墓丝绸中的团窠与团花图案》，《文物》1996年第1期。

[6] 兴安盟文物工作站《科右中旗代钦塔拉辽墓清理简报》，《内蒙古文物考古文集》（第二辑），中国大百科全书出版社1997年版。

[7] 赵丰《内蒙古宝山辽初壁画墓出土丝绸鉴定报告》，中国丝绸博物馆鉴定报告第Ⅻ号，1997年。

[8] 德新等《内蒙古巴林右旗庆州白塔发现辽代佛教文物》,《文物》1994 年第 12 期。

[9] 赵丰、张敬华《辽庆州白塔发现丝绸文物鉴定报告》,中国丝绸博物馆鉴定报告第 II 号,1992 年;赵丰《辽庆州白塔出土丝织品的染织绣技艺》,《文物》2004 年第 4 期。

[10] 翁牛特旗文化馆《内蒙古解放营子辽墓发掘简报》,《考古》1979 年第 4 期。

[11] 薛雁《内蒙古哲盟小努日木辽墓出土丝绸文物鉴定报告》,中国丝绸博物馆鉴定报告第 IV 号,1993 年。

[12] 吉成章《豪欠营第六号辽墓若干问题的研究》,《文物》1983 年第 9 期。

[13] 薛雁《内蒙古巴林左旗辽墓出土丝织品鉴定报告》,中国丝绸博物馆鉴定报告第 V 号,1993 年。

[14] James Watt and Anne Wardwell, When Silk Was Gold: Central Asian and Chinese Textiles, The Metropolitan Museum of Art, 1997.

[15] Krishna Riboud, A brief account of textiles excavated in dated Liao dynasty tombs (907 ~ 1125AD) in China, CIETA – Bulletin74, 1997.

[16] 大同市博物馆《大同金代阎德源墓发掘简报》,《文物》1978 年第 4 期。

[17] 黑龙江省文物考古所《黑龙江阿城巨源金代齐国王墓发掘简报》,《文物》1989 年第 10 期。

[18] 郝思德等《黑龙江省阿城金代齐国王墓出土织金锦的初步研究》,《北方文物》1997 年第 4 期。

[19] 同 [14]。

[20] 高汉玉《中国织金锦绣与金式衣装》(上、下),《丝路学苑》1998 年第 3 期。

[21] 赵评春等《金代服饰:金齐国王墓出土服饰研究》,文物出版社1998 年版。

[22] 黄能馥、陈娟娟《中国服装史》,中国旅游出版社 1995 年版。

[23] 内蒙古文物考古研究所等《内蒙古黑城考古发掘纪要》,《文物》1987 年第 7 期。

[24] 高汉玉等《西夏陵区 108 号墓出土的丝织品》,《文物》1978 年第 8 期。

[25] 宁夏回族自治区文管会等《宁夏贺兰县拜寺口双塔勘测维修报告》,《文物》1991 年第 8 期。

[26] 同 [14]。

[27] A. V. Le Coq, Die Buddhistische Spaetantike in Mittelasien III, 1974.

[28] 魏松卿《考阿拉尔木乃伊墓出土的织绣品》,《故宫博物院院刊》1961 年第

2 期。

[29] 赵丰《球名织锦小考》,《织绸史研究》1987 年第 1～2 期。

[30] 张琼《对新疆出土"灵鹫纹锦袍"的新认识》,《故宫博物院院刊》1998 年第 3 期。

[31] 镇江博物馆等《江苏镇江甘露寺铁塔塔基发掘记》,《考古》1961 年第 6 期。

[32] 浙江省博物馆《浙江瑞安北宋慧光塔出土文物》,《文物》1973 年第 1 期。

[33] 史树青《苏州虎丘云岩寺塔发现的经袱和经帙》,《文物》1958 年第 3 期;苏州文物保管委员会《苏州虎丘岩塔发现文物内容简报》,《文物》1957 年第 11 期。

[34] 吴文寰《从瑞光寺塔发现的丝织品看古代链式罗》,《文物》1979 年第 11 期。

[35] 陈国安《浅谈衡阳何家皂北宋墓纺织品》,《文物》1984 年第 12 期。

[36] 陈晶、陈丽华《江苏武进村前南宋墓清理纪要》,《考古》1986 年第 3 期。

[37] 福建省博物馆等《福州南宋黄昇墓》,文物出版社 1982 年版。

[38] 赵承泽《谈福州、金坛出土的南宋织品和当时的纺织工艺》,《文物》1977 年第 7 期。

[39] 江西省文物考古研究所等《江西德安南宋周氏墓清理简报》,《文物》1990 年第 9 期。

[40] 周迪人、周旸、杨明《德安南宋周氏墓》,江西人民出版社 1999 年版。

[41] 福州市文物管理局《福州文物集粹》,福建人民出版社 1999 年版。

[42] 镇江博物馆等《江苏金坛南宋周瑀墓发掘简报》,《文物》1977 年第 7 期。

[43] 汪济英《兰溪南宋墓出土的棉毯及其他》,《文物》1975 年第 6 期。

[44] 钟遐《从兰溪出土的棉毯谈到我国南方棉纺织的历史》,《文物》1976 年第 1 期。

[45] 容观琼《关于我国南方棉纺织历史研究的一些问题》,《文物》1979 年第 8 期。

五　蒙元纺织

（一）蒙元时期的纺织生产

公元 1206 年，成吉思汗统一了蒙古草原的各部落，建立了蒙古汗国。从此，灭西夏、并金国、平吐蕃、定大理。经过半个多世纪的南征北战，基本统一全国，这一时期一般称为蒙古时期。公元 1271 年，元世祖忽必烈建国，国号大元，公元 1279 年灭南宋，到元顺帝公元 1368 年退出大都为止，这一时期称为元朝。前后约一个半世纪，总称为蒙元时期。

蒙元时期是中国历史上幅员最为广阔的一个时期。由于蒙古统治者用武力征服了欧亚广大地区，先后摧毁了中亚的花剌子模王朝及统治西亚达五百年之久的阿拔斯王朝，使得当时的统治区域向西达到黑海南北和波斯湾地区。借助于统一的力量，蒙古人在欧亚大陆之间建立起广阔的联系，东西交通畅通无阻。元朝政府鼓励各国商人在境内经商，同时对宗教、文化采取兼容并蓄的政策。这些都使元代与中亚、欧洲对外关系处于极盛时期，文化呈现一种多元融合的现象。中外文化交流和大一统的政治局面，促进了纺织技术水平及纹样风格的相互交融，在纺织生产的发展史上谱写了辉煌的篇章。

元朝的丝绸征收由以往的征收绢帛改为直接征收生丝。北方的丝料科差称为五户丝制度。所征丝料大部分归政府所有，而将其中部分拨给诸王贵戚或勋臣，其数额为每五户出丝二斤，故称五户丝。而在南方，仍沿用南宋旧制征收夏秋二税，丝绸实物如丝、绢、帛等主要从夏税中征取，且征收区域集中在江东、浙西等盛产丝绸之地。

元朝政府的丝料科差制度为王室提供了极其充裕的原料，同时，蒙古贵族在战争中掳夺了大批汉族、回鹘及中亚穆斯林的织工，加上统治者对丝绸的特殊爱好，使得蒙元时期的官营织染业空前发达，规模和产量及分工协作程度远在宋金之上。

当时的官营织染机构可分为两类，一类由政府管理，主要供政府官员的丝绸耗费而生产，如工部下属的大都人匠总管府的纹锦总院、涿州罗局、别失八里局，将作院下属管的异样局总管府（设于宫内的丝绸生产作坊）和由地方政府管辖的各织染局；另一类则隶属于皇后、太子及各贵族的翰耳朵，专为后宫或贵族生产，如为太子所设的储政院所属各类织染局、后妃中政院名下江浙等处财赋都总管及所属各织染局。这两类织染机构错综繁杂，遍布全国。其规模之大，为历代官营手工业所不及。

从种类来说，元代官营作坊不仅有织锦，而且还大力发展了毛纺织业，如大都毡局、上都毡局、隆兴毡局等。

各地染织技术的交流，多种原料的使用，使得蒙元时期的纺织品呈现出独特的时代特征。在丝织品中，最具特色的当属加金织物。中国北方地区早在辽金时期已大量使用加金方法来装饰织物，一般使用的是纬插合的方法，但来自西域波斯的织工却更善于织造特结类的织金锦，称为纳石失。这种面料在当时被用于最为豪华的场合，如皇帝在宴请诸王群臣时，大家就得穿上由织金锦制成的袍子，称为质孙服，故此宴也称质孙宴。除织金外，元代还大量采用印金方法装饰。印金一般较多地采用罗地，这可能是唐宋以来的传统。

蒙古人的习俗对南方地区并没有太多的影响。一方面，南方人的服饰还是以素质为主，除传统的绫、罗、纱、绢外，元代新出现了缎织物。另一方面，棉花生产迅速在内地普及，棉织品成为人们的基本衣料，这在南方地区特别明显。

（二）蒙古时期纺织考古

蒙古汗国崛起于蒙古高原，因此在内蒙古出土的蒙元时期墓葬特别丰富。蒙元时期的纺织品也大多发现于此，尤其是汪古部落的许多墓中。汪古部是金元时期较多活动于今内蒙古阴山东段地区的一个部落，为金朝驻守长城。金末归附成吉思汗以后，与成吉思汗统治家族世代联姻，受到了特殊的礼遇。同时，汪古部地处漠北和中原交通要冲，从内地通往北方的驿道就经过汪古部统治区到达岭北行省。而由欧洲、中亚到上都和大都，这里也是必经之地。因此，在昔日汪古部封国的土地上，城市、村落遗址和古墓群随处可见，文化遗物比比皆是。国内外学者对汪古部落的考古特别重视。1949 年以后，内蒙古的文物考古工作者曾多次深入昔日汪古部活动区域进行发掘，获得一大批有关汪古部的珍贵资料。其中包括三批属蒙元时期的丝绸织品：一是四子王旗耶律氏陵园古墓出土的，二是达茂旗大苏吉乡明水古墓出土的，三是镶黄旗哈沙图古墓出土的。这些古墓出土的丝织品具有典型的蒙元时代特色，织金、印金织物突出，织物纹样和工艺还反映出当时中西文化的交流情况。

1974 年，在内蒙古四子王旗王墓梁耶律氏陵园内出土一批精美的丝绸和麻织物，大都是死者的衣饰，也有顾姑冠（蒙古族汪古部贵妇人所戴的用桦树皮制作的高帽）上的丝绸织物和镜套。各类织物大多腐朽，但也有少数织物至今依然完好如初。出土的织物中有织金锦、绢、绸、纱、染缬、刺绣等。织金锦主要用作衣裙面料，其中有几块残片的裙口为深棕色的 2/1 斜纹绫，下部为织金锦，采用扁金线显花。裙里为麻布，表里之间夹丝绵。出土织物中的印金数量也比较多，有顾姑冠上的印涂金粉"寿"字棕色绸、盖在尸体上的刺绣棕色面纱等。墓中还出土以印染显花的染缬织物，一块包在顾姑冠上的织物印有金光灿烂的花卉图案，还有一块在背面墨书"喜"字的印花布[1]。

1978 年，内蒙古达茂旗大苏吉乡明水古墓也出土了一批蒙元时期的丝织品。墓中出土的丝绸制品中包括带有方胜连珠宝花织金锦、人面狮身织金锦的辫线袍、对雕纹织金锦风帽（图四三）、紫汤荷花缂丝靴套、异纹织锦及紫地珠搭鹿纹织金绢辫线袍残片等[2]。

辫线袍是蒙元时期一种非常流行的男袍款式。其特点是在腰部用辫线或绢帛拈成的辫线密密钉绣，故称辫线袍或辫线袄。《元史》中就有辫线袄"制如窄袖衫，腰作辫线细褶"的记载。《事林广记》中的射者、《元人射雁图》中的猎手等所服均是此袄。由于其所具有的防身功能，因此为元代习武者所喜爱。而明水墓所出土的两件辫线袍则为我们展示了它的用料和制法，成为相关研究的重要材料。

较完整的一件织金锦辫线袍为交领右衽、窄袖束腰，为当时北方民族服饰的典型式样。袍长 142、两袖通长 246、下摆宽 115 厘米。腰部辫线总宽为 16.5 厘米，其中用钉线法绣出五十四对共计一百零八根辫线，做工精细。袍右腰部的六对扣袢，用黄色绢带制成。袍面面料为方胜连珠宝花织金锦，采用一上三下斜纹纬二重组织。纬线分为两组，一组是金线，以一根加有 Z 向强拈的丝线为芯、外包金箔的捻金线；另一组纬线是黄色的散绒丝线。经线则分为明经和夹经，这种四枚纬二重组织是早期秦汉平纹经二重、唐宋三枚斜纹纬二重的直接继承和发展。

最为精彩的部分是在内襟左下摆夹层处以及两个袖口上所采用的团窠人面狮身织金锦，组织结构与袍面的织金锦一致，但图案更为生动。图案的中心是一个左右对称的带翼狮子的团窠。狮身似在跳跃，后足蹬地，前足腾空。面部基本呈正视状，头顶一片鬃毛，犹如王冠。同一墓区另一墓葬中出土的另一件辫线袍已十分残破，仅存紫地珠搭鹿纹织金绢残片及一片辫线腰部分的残片。这种织物以平纹为地，以挖梭方法织入片金，片金与地纬比为 1∶1，片金与地经的交织组织为 1/5S 斜纹，是一种地结类妆金织物。织物的图案属一种搭子图案，搭子外形为滴珠形，滴珠中间为一卧鹿，鹿带珊瑚双角。此类纹样在同期器物中十分常见。

明水墓中还出土了一批蒙古族的服饰。风帽是草原民族的常用头饰，出土的对雕纹织金锦风帽采用织金锦作面料（图四三），基础组织是平纹纬二重组织。纬线共有三种，加有强捻的黄色丝线用于织地，散绒丝线织出图案的轮廓线，浅绿色绒丝以挖梭方式显现雕之瞳孔。对于蒙古族牧民来说，为使足下生辉，他们有时爱在马靴上加上绣花靴衬。明水墓出土的一对紫汤荷花缂丝靴套保存完好，显得尤为珍贵。靴

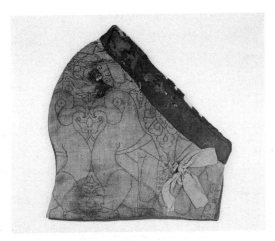

图四三 内蒙古达茂旗明水墓出土对雕纹织金锦风帽

套顶端有吊带，便于拴在裤带上，凸起包头状部分置于膝盖处。靴套的主要材料是一件缂丝作品，在紫色地上，遍饰花叶和花卉，花为荷花、桃花、梅花之类，可能与史籍中记载的"缂丝紫汤荷花"类同。

1988 年，内蒙古镶黄旗哈沙图嘎查另一座汪古部的古墓中也出土一批丝织品，其中有团窠百合刺绣提花罗、织金绢、梭窠月季折枝花印金绢、星地花卉绫等。这批织物中出土的罗织物织法较特殊，采用偶数纬起绞法。其花组织采用一上二下斜纹，使其与地组织的循环单位巧妙配合起来。此外，采用泥金黏印法印制的梭窠（外形如梭子）月季花也非常难得。印花采用的可能是镂空板，金粉覆盖率相当高，图案轮廓清晰，金粉至今未脱落，由此可见当时印金技术之高超[3]。

除了以上在内蒙古汪古部落出土的纺织品外，蒙元时期纺织品较早的发现是在元大都。1955 年，在拆除北京西长安街庆寿寺和埋葬蒙古释教国师海云和尚及其弟子可庵和尚骨灰的双塔中，发现了公元 1275 年的精美纺织品，其中包括缂丝、棉制品和刺绣等。另外，还发现纳石失残片四块，均是整料剪裁后的残边，上面的唐草花纹都是用金线织出，出土时金光耀目，但旋即褪色。刺绣龙袄为绸质，中绣张牙舞爪的戏珠黄龙和彩云，四角绣有牡丹、芍药和牵牛花等，主花上还绣有"香花供养"四字。此件绣品针法多变，绣工精细，堪称蒙元时期的刺绣珍品。塔内出土的缂丝莲塘鹅戏虽已残破，但仍可看出织造工艺的精湛与图案的华美。双塔庆寿寺海云和尚的僧帽，主要以四经绞罗为面料，代表了当时的织罗水平[4]。海云和尚墓出土的织物由于带有绝对的年代，受到越来越多学者的重视。

与上述蒙元时期出土丝织物相似的还有 1970 年新疆乌鲁木齐盐湖 1 号古墓中出土的一件元代黄色"辫线袄"。袄为粗白棉布衬里，腰间钉有三十道"辫线"。袖口及领、肩部等处用织金锦作边饰，至今仍可见金线光泽。这些织金锦都是由不同织金锦上剪裁下的小块，是最为典型的纳石失，采用特结锦结构，用专门的特结经来固结纹纬与金线。金线分"片金"及"捻金"两种。花纹图案似为人物，修眉大眼，隆鼻小口，头戴宝冠。另外，还有元代最为典型的牡丹花[5]。由于新疆回鹘人擅长织金工艺，别失八里设有专局织造纳石失，这些织金锦很有可能就是当地所产。此外，盐湖 1 号墓主所穿的衬袍、裤及辫线袄的衬里均用棉布制作，说明当时棉布的使用已十分普遍。

（三）北方元代纺织品

元朝正式建立后，北方的纺织生产发展非常迅速，丝织品的种类也得到了极大的丰富，这从元代北方一带的纺织考古中即能看出。

1975 年，山东邹城文物工作者发掘了元至正十年（公元1350 年）儒学博士李裕庵夫妇合葬墓，墓中出土纺织品和男女衣物共计五十五件。这批纺织品中棉、麻织品件数很少，大部分为丝织品，主要有绸、罗、缎、绫等，其中有深褐色素绸风帽、梅鹤方补菱纹绸短袖袍、盘龙回纹暗花绸窄袖夹袍、素绸开裆丝绵裤、杂宝云纹缎夹帽、香黄色如意连云杂宝暗花绸女夹袍、荷花鸳鸯暗花绫夹裙、刺绣人物花鸟女腰带、莲花双鱼纹罗对襟短袖女夹袄、杂宝云纹绸丝绵被、菱纹绸纳帮鞋绣花鞋，以及织有寿星、鹤鹿和"寿山福海"等文字的福寿巾等。

从当地考古工作者的介绍和日后的研究来看，这批完整的元代刺绣衣物在纺织考古中占有特殊的地位。墓中有许多重要的发现[6]。其一，墓中出土的大量刺绣是山东传统的双丝拈线不劈破的衣线绣，具有典型的山东传统"鲁绣"的特点，针迹苍劲，质地坚实。其中以荷花鸳鸯暗花绫夹裙裙带上的绫地绣人物花鸟最为精美。裙带全长 152、宽为 5 厘米，带上有三组刺绣花纹，有接针、平针、套针、打籽针等针法。上部用平针绣祥云、双凤，并用接针绣古松，用套针绣出假山和灵芝草，山左有一老人持杖眺望；中间绣祥云和身着短装、头扎双髻的童子，后侧假山中有鹤和鹿；下部为近水景色，水中有荷花和水鸟。整个画面构成一幅天上、地面、水中的自然景物，针线纤细，形象质朴，显示了鲁绣独特的艺术韵味。其二，墓中出土的暗花缎是较早的有明确纪年的暗花缎织物之一。这种五枚正反缎不仅被单独用于织造，而且还与五枚绫配合，用作花组织，如墓中出土的梅鹊方补袍方补上的组织，以 4/1SZ 斜纹作地，五枚纬面缎显花。这种梅鹊方补袍的意义还在于它是目前所知最早有纪年的有"补子"形式的服装。这幅"喜上梅（眉）梢"的"补子"直接织入织物，用作装饰，说明补服形式在元代已经出现，是反映官阶的正规补服的源头[7]。其三，墓中出土的罗也是在元代出现的新品种。元代继承了宋、金传统，仍大量服用罗织物，但品种不断翻新。宋朝十分流行的三经绞罗到元朝很少发现，而较多的是固定绞组二经绞素罗和花罗。二经绞素罗在元代大量盛行，特点之一就是采用偶数纬起绞的特殊结构，使得绞转梭有一经线滑移而无法形成完整的绞转梭口。正因为经线的滑移使在这一位置上有两根经丝和一根纬丝重叠，造成整个织物呈现凹凸不平的绉效应。此墓出土的鱼莲纹罗女夹袄，正是以这种梭罗为地，平纹起花，呈现出绉地平花的效应。

1976 年，内蒙古集宁路故城发现了一瓮窖藏丝织物，八件织物保存极为完好，其中有绫、罗、织锦、刺绣和印金等不同种类，从形式上分，有袍、袄、被面、丝鞋等。其中一件提花绫上有反体墨书的"集宁路达鲁花赤总管府"等字迹，说明物主可能是集宁路官员的家眷[8]。

窖藏的龟背纹地格力芬锦被的图案以一对怪兽为主题，其兽体形如羊，两角四足，但嘴如雕，躯生翅。据赵丰考证，这应是西方传说中的格力芬（Griffin），属当时中外文化因素融合后的产物。外框为缠枝牡丹花纹样，采用特结锦组织，用黄蓝两色纬丝起花。被面用两个半幅拼接后构成一幅完整的画面，中间的格力芬图案位置不差分毫，周边的牡丹花图案连成一框，不愧为元代丝织工艺的精品之作[9]。

这批窖藏文物的另一特点是印金衣物，主要有印花提花绫长袍、印金罗夹衫、印金提花绫被面、印金绢残带、印金素罗残片等。这些织物大都以四经绞罗和提花绫为地，先在织物上印上金花，再进行剪裁和缝纫。据考古人员研究，印金方法可能是首先在雕刻图案花纹的凸版上涂抹黏合剂，将花纹印在织物上，然后再粘贴金箔，待其干燥后加以修整而成。或是在凸版上涂抹黏合剂，将黏合剂印在织物上，然后再撒上金粉，并抖去金箔的多余部分。或是用黏合剂调配金粉，涂抹在凸版上，直接印于织物之上。由此可见，元代印金方法很多，而且施于整件衣服，使之显得富丽堂皇。集宁路遗址出土的带有金花的衣物，其中夹衫上的金花呈圆形冰裂图案团花，直径 8～9 厘米；提花绫度袍上的金花呈长方形，每朵 2×2.3 厘米，八朵为一组，每组有牡丹、莲花、菊花和草花等；被面上通身印有 2.3 厘米见方的正方形金花，有牡丹、莲花、玫瑰。从这些织物上的金花分布来看，它们的边沿接缝处还有不完整金花，说明是用整匹织物印制后剪裁的。这种整匹有块状金花的织物，就是史籍上记载的"金答子"。金答子，当系指在丝织物上装饰的面积较小的块状金花，即用方、圆、椭圆等小面积纹样进行散点排列而成的一种加金图案，其中的印金可能较织金档次略低，应是便于生产和节约用金所致，这基本符合集宁路达鲁花赤及总管为三品的服饰制度。

窖藏的棕色罗花鸟绣夹衫是目前所知元代刺绣服饰中最为重要的佳作。这件夹衫为对襟直领，袖为广袖直筒，面料是褐色四经绞素罗。夹衫表面采用了平绣针法，以平针为主，并结

图四四　内蒙古集宁路遗址出土刺绣夹衫（局部）

合打籽针、辫针、戗针、鱼鳞针等针法。夹衫上刺绣的花纹图
案极为丰富，多达九十九个，花型均为散点排列。题材有凤
凰、野兔、双鱼、飞雁以及各种花卉纹样等，其中以牡丹纹样
最多变化又最为生动。最大花型在两肩及前胸部分，最大一组
为 37×30 厘米，一鹤伫立，一鹤飞翔，周围衬以水波、荷叶
以及野菊、水草、云朵等（图四四）。衣服上还有表现人物故
事的图像，非常引人注目，其中有一女子坐在池旁树下凝视水
中鸳鸯；一女子骑驴扬鞭在山间枫树林中行走；一戴幞头男子
倚坐枫树下，悠然自得；戴帽撑伞人物荡舟于湖上等。人物造
型设计具有南方特点，因此推测可能为江南地区所生产，或是
由北方官营作坊中的江南织工巧儿所制。

1972 年，甘肃漳县徐家坪汪世显家族墓葬中也出土了一批元代纺织品。汪氏家族为金、元、明代陇西漳县望族，也是汪古部中的世家大族。其祖汪世显，"系出旺古族"，原仕金镇守陕西巩昌历数百年，家居盐川，即今之漳县，因此，汪氏家族墓地就在当地汪古山麓。从全国范围来说，如此集中而完整的元明墓群尚属少见。自 1972 年至 1979 年之间，甘肃省博物馆和漳县文化馆共发掘和清理了二十七座墓葬，出土了大量丝织品。据考古简报报道，甘肃省博物馆发掘的 1 号墓出土"说达摩祖支天菩萨陀罗尼经"经面、小口袋和小手帕等五件，11 号墓出土棕黄色缠枝蕃莲纹麻葛棉囊、描金妆彩霞帔、棕色团花妆金缎云头荷包、黄色小团花罗纱制圆领对襟短袖小衫襦（上描金妆彩）、烟色卍字菱纹缎、妆金莲花方孔纱、妆金灵芝纹方孔纱、紫色卍字菱团龙花缎、古铜色云龙缎、深色瑞兽纹缎、妆金团花纱、古铜色海棠纹缎、菱格回纹缎、蕃莲纹缎、淡黄色暗花纱罗、妆金天马纹锦、妆彩吉祥（羊）纹锦、小缠枝蕃莲纹缎、棕色卍字龟背纹缎、妆银天马纹缎、妆银簇花纹缎、妆彩（蓝）吉羊团花锦及双钱宝瓶形小荷包等二十四件。此外，漳县文化馆清理的丝织品还有抹胸、袍裙、丝带、前加檐笠帽（元代蒙古贵族所戴的帽笠）等二十二件（图四五）。出土物中也有大量的印金、织金织物，反映了加金织物在元代北方地区的流行[10]。

元代北方纺织考古发现还有一处是内蒙古额济纳旗黑水城（又称黑城）。黑水城兴建于西夏，在元代一直沿用，明初毁于战火，后遂废弃不用。1908 年至 1909 年，俄国科兹洛夫探险队首次在此获得大量西夏文文书和元代文物，轰动了世界。斯坦因等相继而来，多次挖掘，致使大量珍贵文物流散世界各

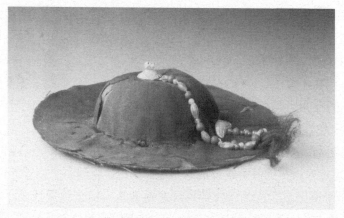

图四五　甘肃漳县汪氏家族墓出土前加檐笠帽

地。1949 年以后，我国考古工作者曾多次前往黑水城调查，并两次在黑水城进行考古发掘。1983 年，此地出土了一批元代的鞋帽服饰，其中有绸绢百纳帽、带骑驴图案的葫芦形香囊、缠枝花双色锦、花鸟纹样缂丝、桃红暗花绸及绸绢拼缝的百纳方巾、三角形的素绢宝幡、如意云纹辫子股绣、月白绢、彩绘绢、棉布、麻布、方棋纹毛织残片等。这些丝绸棉麻毛织物品种俱全，织法多样，反映了元朝纺织技术的多元性[11]。

（四）南方元代纺织品

长江下游在南宋时期已成为全国纺织品生产的重心，元初受到战争的破坏较北方要少，因此在元代长江下游仍是纺织品生产的重要产地。元朝官府还在江淮等处财赋都总管府下设立了杭州织染局、建康（今江苏南京）织染局、贵池（今安徽贵池）织染局等丝绸生产机构，这说明了以江浙行省为中心的长江下游丝绸生产的重要地位。安徽安庆、江苏无锡和苏州及浙江海宁等地区发掘的元墓所出土的纺织品显示了当时南方纺织业发达的盛况。但可惜大多数未经过整理，报道也十分简略。

最早的江南元代纺织品的发现是在 1956 年，安徽安庆棋盘山发现大德五年（公元 1301 年）墓。墓主人范文虎为元代"枢密院事提调诸卫屯田通惠河道漕运事"。该墓出土了花绸衣袍残片和幞头，但至今未经鉴定与详细报道，大多已残损[12]。

1960 年，在无锡南面的龙王山兴建幸福水库时发现了一座元代墓葬，东室顶上积土中还出土了一方墓志，记载墓主名钱裕，字宽父，生于宋淳祐七年（公元 1247 年），死于元延祐七年（公元 1320 年），是当地无官职的地主绅士。墓中出土了二十八件丝织衣物，当时的报道为夹、单提花素绸袍五件，古黄色提花及素绸上衣七件，提花及素绸背心四件，折襕裙及独幅无折襕裙六件，斜方格纹绸及素绸套裤两件，鞋两件，绸底绣有牡丹花纹的粉扑一件，素绸夹层钱袋一件。这些服装在出土时均整齐地叠放在死者胸前，而穿于身上者均已腐烂。考古简报虽然已发表，但对于墓中丝织品部分只是简单地介绍了服装的情况，关于织物的质地和图案均未作详细说明[13]。但有少量织物散见于各种图录，其中最为重要的是几件缎织物，包括缠枝牡丹纹缎、缠枝海石榴花纹缎、八宝云龙纹缎等，这是目前所知有确切年代的最早的缎织物，较此稍晚的是山东邹城李裕庵墓。

1978 年，浙江海宁元代贾椿墓出土一批裹尸的麻棉织品。此墓年代为至正十年（公元 1350 年）。墓中出土麻布五块，一块呈长方形，其余四块西端开衩，每平方厘米用八根经和七根纬和麻纱织成，色灰白，韧性强。最引人注目的是出土的一块棉布，长 182、宽 62 厘米，色白，纺织精细，且保存完好[14]。明以前的棉织品除新疆以外非常罕见，浙江兰溪南宋乾道七年（公元 1171 年）墓曾出土过一条完整的棉毯，贾椿墓出土棉布的年代虽晚了一百七十余年，但也可证明元代植棉技术在浙江的普及和棉布广泛的使用。

1988 年在湖南华容城关发掘一座元墓，尸体为一名三十岁左右的成年女性。棺中出土一批保存完好的衣、裙、裤及成幅的绢、绫、罗等丝织物[15]。

此外，湖南沅陵双桥元墓（墓葬年代为元大德九年，即公元 1305 年）是一座保存完好的夫妇合葬墓，墓中也发现了一大批元代纺织品。出土的随葬品中主要是丝麻织物，有完好的对襟衣、麻袍、夹袍、夹衣、袜、鞋、绢裤和丝棉被，还有成幅的绢、锦、绫、刺绣品，共四十余件。这批织物与服饰未经鉴定，但其研究价值已显而易见。各类织物的品种、花式图案和服装样式与福建黄昇墓出土者大致相同，其中如一些三经绞罗和纱罗织物的图案与南宋者几乎完全一样，这说明在元代初期的江南地区，宋代风格的纺织品还起着主导的作用[16]。

（五）元末南方王室墓出土丝织品

元代江南地方出土丝织品中最为重要的是一些元末农民起义将领墓。他们的墓葬大多模拟的帝王制度，因此，在一定程度上是宋元时期帝王服饰制度的反映。

1964 年，苏州文物保管委员会和苏州博物馆清理了元代末年割据姑苏的吴王张士诚之母曹氏墓。这是一座埋葬极为严密的圹式墓，里外共用多层三合土浇浆，石板、青砖等交替封固。圹内置棺椁两具，男棺内满贮水，尸体已完全腐烂，身穿的黄色衣服也已朽坏。而女棺保存相对完好，出土丝绸衣裙三十二件，其中有绫织夹袍两件、长袖袄四件、裙六条、黄色素绸三匹、淡黄素薄绸三匹、鞋一双、套袜一双、被褥三条、下端为三角形衣带一条、龙凤织锦袋一只、残丝织品两件、残刺绣片（可能为织物之残边，各绣四龙）四件，质地有缎、绫、绸，织物图案精美。根据出土的两部哀册可知，张士诚的母亲死于元至正二十五年（公元 1365 年），张士诚将其葬于此，但张父早亡，是从泰州迁来的[17]。

这些衣物的款式有别于北方出土的元代服饰实物，仍沿用南宋时期的上衣、绸裙衣式，如一件卐字纹绸对襟短绵袄，以方格卐字纹绸为面，黄绸衣里，中纳丝绵。对襟镶有褐色领边，胸与腰腋下有束系带，衣身肥大而短，窄袖。这种款式与福州南宋黄昇墓出土的内上衣相似。凤穿牡丹纹绸裙也具有宋代遗风。此裙料织造细密，为平纹素地缎花，纹样以凤穿牡丹缠枝花为主题。花纹细密缠绕，均布其间，如满天星斗，闪烁放光。双凤用卷草尾，有唐宋遗风。裙以三幅织物拼接，素绢为里，纳以丝绵，前幅左右缝折裥，为宋式绸裙。此墓出土了许多元末时期五枚暗花缎实物，如出土的裙中有三条缎裙均以五枚正反缎作面料，此类五枚缎在明代出现更多。三条缎裙，其中一条以几何图案为地，菱花为主纹；一条以连续斜菱纹为地，云龙纹为主纹；一条以如意、珊瑚、玉钏、银锭等八宝图案纹为地，间以云龙纹饰。出土服饰中最重要的是代表皇后身份的翟衣、锦绶、蔽膝和罗带等。

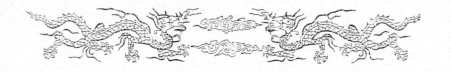

图四六　江苏苏州张士诚母曹氏墓出土罗地刺绣龙纹边饰纹样（线图）

所谓的翟衣现存已十分残破，仅有罗地刺绣龙纹边饰数片（图四六）。但根据现存的几片边饰以及边饰上缝连的罗织物上彩绘的翟鸟，可以基本复原翟衣的形状。这是以罗为地、中绘成对翟鸟、边饰行龙刺绣的皇后礼服，正式应称袆衣，但其色彩与记载不符，故暂称翟衣。

与翟衣配套的有锦绶、蔽膝和罗带。锦绶事实上用几何地团龙团凤纹花缎作面料，其主体为一梯形，总高约96、顶部宽23、下端宽32.5厘米，下端10厘米处则另有丝线编成网络状，并垂流苏。蔽膝以四经绞素罗为地，上窄下宽，上宽28、下宽49、总高65厘米。蔽膝主体绘有左右对称的三对六对共十二只翟鸟（图四七）。这一蔽膝的形制与宋代及明代史料中的记载完全相吻合，特别是与明《中东宫冠服》中的太子妃蔽膝一致。罗带以四经绞罗为质地，宽约12厘米，居中处编成两个方结，现高约100厘米，两端呈三角形，各用彩绘一凤、一凰，高约10厘米。颜色已经漶漫，唯青黄两色尚存，比较清晰。

苏州的丝织业在唐宋时一直就负有盛名，元至正年间开始设立"苏州织染局"，也说明了当地丝织的发达。这批随葬丝绸衣服的年代距今已有六百多年，但保存基本完好。纺织技术

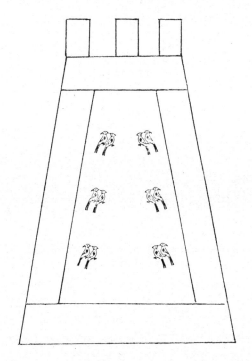

图四七　苏州张士诚母曹氏墓出土蔽膝（线图）

及织物纹样都具有当地明显的地方特色。因此，这批遗物对研究元代苏州及江南地区的丝织工艺有着重要的价值。

　　另一座重要的元末墓葬是一度称王于四川的明玉珍墓。墓中出土器物不多，只有丝织品较引人注目，其中有淡黄云凤纹缎画幅、淡黄缠枝花缎被、丹黄云凤宝纹锦缎被面、丹黄勾连卍字锦缎残片等。袍服中最为重要的是青缎团龙袍、丹黄素缎团龙袍、赤黄缎团龙袍等，均采用圆领右衽的形式，在胸前背后各绣一条团龙，是一种极为简单的龙袍形式。墓中还出土赤黄云纹缎袍料、赤黄斜纹素缎袍料和青色软缎袍料等。各种织物的组织和材料均可以和元代织物的特点相吻合[18]。

注　释

［1］盖山林《阴山汪古》，内蒙古人民出版社 1991 年版。

［2］夏荷秀、赵丰《内蒙古乌兰察布盟达茂旗明水乡出土的丝织品》，《内蒙古文物考古》1992 年第 1～2 期。

［3］夏荷秀、赵丰《内蒙古镶黄旗哈沙图嘎查墓出土的丝织品》，《内蒙古文物考古》1992 年第 1～2 期。

［4］北京市文化局文物调查研究组《北京市双塔庆寿寺出土的丝、棉织品及绣花》，《文物》1958 年第 9 期。

［5］王炳华《盐湖古墓》，《文物》1973 年第 10 期。

［6］王轩《李裕庵墓中的几件刺绣衣物》，《文物》1978 年第 4 期。

［7］包铭新《补服考》，《丝绸史研究》1984 年第 2 期。

［8］李逸友《谈元集宁路遗址出土的丝织品》，《文物》1979 年第 8 期；潘行荣《元集宁路故城出土的窖藏丝织品及其他》，《文物》1979 年第 8 期。

［9］赵丰《织绣珍品：图说中国丝绸艺术史》，《艺纱堂/服饰》，香港，1999 年。

［10］甘肃省博物馆《甘肃漳县元代汪世显家族墓葬》，《文物》1982 年第 2 期。

［11］内蒙古文物考古所《内蒙古黑城考古发掘纪要》，《文物》1987 年第 7 期。

［12］白冠西《安庆市棋盘山发现的元墓介绍》，《文物》1957 年第 5 期。

［13］无锡博物馆《江苏无锡市元墓中出土一批文物》，《文物》1964 年第 12 期。

［14］浙江省博物馆《浙江海宁贾椿墓》，《文物》1982 年第 2 期。

［15］文物编辑委员会《文物考古工作十年（1979～1989）》，文物出版社 1991 年版。

［16］同［15］。

［17］苏州博物馆等《苏州吴张士诚母曹氏墓清理简报》，《考古》1965 年第 6 期；赵丰等《苏州曹氏墓出土丝织品鉴定报告》，中国丝绸博物馆鉴定报告第 XVI 号，2000 年。

［18］重庆市博物馆《明玉珍及其墓葬研究》，《重庆地方史资料丛刊》，1982 年。

六　明代纺织

（一）明代的纺织生产

公元 1368 年，朱元璋重新建立了高度集中的汉族封建专制政权。为了安定民众、恢复生产，朱元璋采取了一系列措施，大力垦荒，推广种植桑、棉、麻等经济作物。当时，棉花已种遍天下，地无南北皆宜之，人无贫富皆赖之。棉布已取代丝绸和麻布，成为中国第一大纺织原料。同时，明代的植桑养蚕也较元代晚期有了显著的恢复和发展，主要集中在长江下游地区，苏、松、杭、嘉、湖一带桑麻遍地，机声轧轧，蚕丝绸缎无论在产量和质量上均享有极高的声誉。

随着纺织业的蓬勃发展，江南地区民间丝织业和棉纺织业已逐渐商业化，涌现出了一批纺织专业性的小城镇，如江苏的盛泽、震泽，浙江的濮院、双林等原先偏僻的小乡村，以丝织为龙头，居民逐渐增多，自成市井。这些人口集中的新兴纺织业重镇的形成，使纺织生产专业化，同时也利于生产技术的相互促进，这促使明代民间织绣技艺空前发展。在明中后期，这些江南地区的丝织业中已稀疏出现丝绸行业的专业分工。

在民间纺织业迅速发展的基础上，明代的官营织造业也得到了极大的发展。自永乐时起，南北方均有官营织造机构的设置。在北京为内织染局，名义上属工部，但事实上则多由内府管理。在南京则有司礼监神帛堂和南京内织染局，两者亦由南京工部和内府共同管理。此外，明代还在地方设二十三个地方织染局。洪武时设有四川、山西诸行省织染局及浙江的绍兴织染局、南京的后湖织染局，到永乐时则设有苏、松、杭、嘉、湖等织染局，时设时罢，其中以苏州、杭州两局规模最大。织染局内的工艺包括织、染、绣、缂等。据《明会典》记载，其工匠包括缂匠、绣匠、毡匠、花毡匠、毯匠、染匠、织匠、挑花匠、挽花匠等，几乎有关棉、毛、麻、丝的各种工艺全部包括在内了。这些官营染织品一是主要用于上用冠服及赏赐；二是制帛，用以祭祀；三是官员诰敕。

中国数千年的传统纺织生产技术在明代得以发扬光大，养蚕方法、织造技术、印染缂绣工艺及织物纹样都有不少创新。不仅出现了一批如《天工开物》、《农政全书》、《蚕经》等科技巨作，而且在缂丝、刺绣、织金、妆花、孔雀羽毛等精细加工技艺上也都达到了极高的水平，为我国纺织发展史写下了光辉的一页。特别是妆花工艺在明代达到了顶峰，几乎各种组织的织物均采用妆花方法进行装饰，因此而出现了妆花缎、妆花罗、妆花纱、妆花绢、妆花绫、妆花绒，甚至是妆花改机等。所有这些织物，均在明代的考古发现中得到了证实。

一般来说，明代一般不在考古学范畴之内，但还是有一些重要的明代纺织品出土，这对研究明代纺织手工业具有重要的价值。其中最为重要的是万历皇帝的定陵，其次是明代一些分封各地的王墓和贵族官僚墓葬。

（二） 诸王墓出土纺织品

朱元璋当上皇帝后，将二十四个儿子分封到全国各地，称为亲王，亲王诸子封为郡王。明代亲王"冕服、车骑、邸第下天子一等"，死后也埋于各地。明代的诸王墓在全国各地已发掘十余座。这些王墓有的规模宏大，出土了众多精美的纺织品，如山东鲁荒王朱檀墓及江西益宣王朱翊鈏墓。

1970年春至1971年初，山东博物馆在山东邹县和曲阜县交界处有计划地发掘了明鲁荒王朱檀的墓葬[1]。朱檀为明太祖朱元璋第十子，在山东兖州府为王，死于洪武二十二年（公元1389年）。此墓凿于山中，工程非常浩大，距地表深20余米。由于长年积水，随葬品保存基本完好，出土有冕、皮弁、乌纱折上巾、圆檐高顶红漆帽、圆檐高顶藤帽、织锦缎龙袍、盘领窄袖金织龙袍、中单织袍、织金缎蟒袍、交领波绉纹袍、交领短袖素面袍、短袖纱袍、短袖纱褂、纱裤、绣花与暗花棉被、缠枝纹、条格纹、福寿字丝带、平纹布单、棉布围裙和浴巾等各种丝棉衣物。其中有多件由织金缎织成制作的五爪行龙袍，织制非常精美，身长130、通袖长约110厘米，交领、窄袖。在两肩及胸背部位设柿蒂形装饰区，内饰行龙四条，腰间有片金横道线纹装饰，腰身收敛，其下打竖向细裥，使下裳成裙状。内衬一素面中衣，饰三组九行盘线，上缀二十九枚小金花。这种上衣与下裳相连的束腰袍裙，与元代的辫线袄相似，在明朝称为"曳撒"，是君臣外出乘马时所穿的袍式。在出土实物中，此类袍有不少件，呈米黄色，估计入葬时应为红色，这与明代史料中所载的亲王冠服，"袍赤，盘领窄袖，前后及两肩各多织盘龙一"，正好相符。墓中出土的服饰还有中单纱袍、交领暗花云纹袍、交领波绉纹袍、交领短袖素面袍、短袖纱袍、纱裤、纱褂及各种福寿巾等。此外，墓中还出土了三件棉织品，也非常珍贵，其中一条长300、宽100厘

米的棉织平纹布单,用紫红色线和白色棉线织成花格,是现存
早期棉布的重要标本。

鲁荒王墓的重要性显而易见,这不仅在于其等级高,所有
的服饰都是明朝藩王所用,其中有不少仿皇帝冠服,只是稍降
规格而已。另一个原因是年代早。它是迄今所知唯一的出土大
量纺织品的洪武年间墓葬,其中的纺织品种类、图案、服装款
式,均是明代初期的代表。

明代另一处重要的藩王墓地是位于江西南城的益藩王墓,
一共发掘了三座,为益端王朱祐槟墓、益庄王朱厚烨和益宣王
朱翊鈏墓。此外,还有一处可能为益藩罗川端懿王墓。

早在 1964 年,南城县南 10 余公里处就发现了一座明墓。
此墓以大量石灰为主的三合土建成,坚实牢固。圹内两室,一
室有男棺,另一室空。墓室曾遭扰乱,清理时主要出土物有衣
服六件。其中有黄地吉祥云纹缎四团龙补子圆领大袍两件,长
125、通袖宽 230 厘米,有圆形团龙补子四块,分别钉在胸背
和两肩,胸背直径 32、两肩直径 27 厘米。黄地吉祥云纹绸四
团龙补子圆领大袍一件,式样同上。黄地绸绣龙圆领夹袍一
件,已残破。此外,还有白地棉布直领对襟单短衣两件。特别
重要也是特别罕见的是,墓中出土了一份典服清单,其中提到
的纺织品名目有"天青纻丝寿巾一顶,香枕一个,红六云纻
丝鸡鸣枕一个,红六云纻丝引带一个,大红五彩织金纻丝四团
龙圆领一件,冕服一袋,绿六云改机绸衬摆一件,大红六云织
金纻丝过肩一件,白云布道袍一件,蓝丝细长棉袄一件,蓝斗
细长夹袄一件,□云六纻丝过河中一件,白西洋布衫一件,白
洋布单中衣一件,蓝六云纻丝棉中衣一件,白湖绸夹中衣一
件,白洋布单裙一条,蓝六云纻丝棉夹裙二条,白西洋布暑袜

一双，白湖绸肩褥一个，脚褥三个，五彩锦棉被二床，棉褥一床，蓝六云纻丝棉褥一床，青纻丝寿靴一双，白梭布大夹衾一件，小夹衾一件，手巾脚巾"等，清单纪年为万历二十一年（公元 1593 年）六月。根据距墓左侧仅 3 米处发现的明益藩罗川瑞懿王副宫夫人张氏的墓志看，此墓应属万历年间的益藩罗川王族[2]。

1979 年，江西省文物工作队在南城发掘了万历三十一年（公元 1603 年）明藩王益宣王朱翊鈏及其李、孙二妃的合葬墓。朱翊鈏棺中物品保存基本完好，李英姑似为易棺更殓，保存状况较差，孙氏棺中所有物品也已半腐[3]。

出土服饰中以朱翊鈏棺内所出最为重要，其中有袍服十二件，分为四式。Ⅰ式七件，均为圆领右衽，两腋下均有带鼻一个，以备系玉带，胸前、背后及两肩上各有圆形龙补一个，有织有绣；Ⅱ式一件，交领右衽，两腋下有带鼻和结扎带，袍质素缎，织过肩盘龙一条，并有膝襕一道；Ⅲ式两件，俱为交领右衽，下半部为百褶形；Ⅳ式一件，直领对襟，领缘绣龙纹，形似道袍。同棺所出还有织锦花被五床，图案有正楷字万寿无疆、升天龙纹、篆字福寿同圆、团龙纹、卍字夔龙纹和祥云团龙纹等。较有意思的一块棉布，幅宽 75、长 1300 厘米，布上有墨书"西洋布"三字，是目前所知唯一明代进口的棉布。李英姑棺内出织锦裙一条、黄缎裤一条、大衫一件、黄锦鞋一双和被褥三床。孙氏棺中出土较多，计有大衫四件，黄色，对襟高领，宽袖束口，其中两件在胸背和两肩有圆形绣补，绣出凤纹和梅花蜜蜂纹。此外，还有霞帔一件、方心曲领一件、织锦裙一件、黄锦靴一双、黄锦鞋一双、绵绸五匹、丝绵被褥五床、袖套一双。此墓出土的冠服饰物都为益宣王及王妃生前穿

戴的朝服、礼服和燕居常服，样式和图案均符合明史有关宗室
诸王和王妃定制的记载。

江西南城境内发现的明代益王墓还有益端王朱祐槟墓和益
庄王朱厚烨两处，但未见有纺织品出土的报道。

（三）贵族及官僚墓出土纺织品

除诸王墓外，北京、上海、南京、江西、湖南、江苏等省
市也在大量官僚贵族墓中发现纺织品，这些衣物对研究明代纺
织品及官僚服饰制度提供了不可多得的实物。从已知报道来
看，早期明墓出土纺织品者极为少见，除山东鲁荒王墓之外，
尚无第二座。但是，明代中晚期大墓却出土不少，且可以分为
三个时期，即弘治到正德前后，嘉靖前后，万历到明末。

1979 年，江苏泰州发现一座明墓，出土明弘治十三年
（公元 1500 年）会试试卷草稿。这六张会试试卷草稿是裹在
革带内衬的绿色素缎里出土的。一起出土的还有一包衣物，包
括四合云图案的花缎无袖长衫一件、蓝布宽袖长袍一件、布衫
一件、蓝布夹围腰一条、带有八百多褶的素绸连衣裙一条、蓝
布夹裤一条、白布裤一条、白布鞋一双、蓝白花格布和黄布各
一块。根据墓志铭记载，墓主胡玉为四品官，出土的素金革带
和乌纱帽符合明代规定的舆服制度[4]。

1961 年，北京市文物工作者清理了南苑苇子坑明墓。据
考证，此墓主人可能为明武宗孝静夏皇后的父母夏儒夫妇墓，
入葬年代为正德十年（公元 1515 年）。墓中出土了以丝织品
为主的一批物饰，共计有八十三件之多。从种类上看，有裙袍
（曳撒）、斗牛服、半臂、上衣、内衣、裙、头纱、靴、鞋、

裆、短裤、单裤、被、褥。其中袍、衣和裙的数量和种类最
多，如交领大袖朝袍、云蟒妆花罗袍、斗牛补如意云八宝暗花
交领大袖朝袍、钉云凤补缠枝莲暗花缎袍、大柿蒂过肩云蟒海
水江牙妆花裙袍、松竹梅暗花缎棉上衣、缠枝莲暗花缎棉上
衣、云纹暗花缎夹上衣、云蟒妆花缎夹上衣、吉祥团凤暗花纱
裙、云蟒妆花绸裙、缠枝莲缎裙等，所用工艺中大量采用妆花
技法和刺绣。纹样主要有云蟒、云凤、斗牛（牛角龙身）、凤
穿花、云朵、卍字锦地、缠枝莲、松竹梅、缠枝牡丹等，其中
以云蟒纹的数量最多，装饰也最华美。云蟒及过肩蟒、凤等图
案的排列均与帝后所用云龙、过肩龙等图案相似，只是蟒比龙
少一爪而已。因此，蟒袍是仅次于龙袍的贵重服装，只有皇帝
赏赐才能拥有。同时，此处出土的斗牛服（斗牛，蛇身有鳞
而类龙，仅两角弯作牛角状）也是赐服之一。这些服装上的
蟒、凤图案均织入金线，称为织金妆花，有着精美而富丽的装
饰效果。据《明史》记载，夏儒为明武宗孝静夏皇后的父亲，
封庆阳伯，是当时地位显赫的外戚，所以这些蟒袍、斗牛服等
当是皇家赏赐之物，后作为一种荣耀而陪葬。夏儒墓出土的丝
绸服饰现在分别收藏于首都博物馆和北京故宫博物院，除早期
的发掘简报外[5]，关于这批资料的正式整理研究成果尚未刊布。

　　较此稍迟的是正德十二年（公元 1517 年）徐达五世孙徐
傅夫妇的合葬墓。徐达是明朝的开国元勋，跟随朱元璋南征北
战，战功卓著。《明史·徐达传》记：徐达死后，朱元璋"赐
葬钟山之阴，御制神道碑文，配享太庙、肖像功臣庙，位皆第
一"。徐达墓就在距南京太平门约 1 公里处的板仓村东侧。后
来，这一带也就成了徐达家族墓地。1977 年，在徐达墓神道
以东约 100 米处，南京市文物管理委员会和南京市博物馆发掘

了徐达五世孙徐俌的夫妇合葬墓，墓中出土了一批纺织品衣物。徐俌棺内随葬的衣物得到了南京云锦研究所的鉴定，除两套棉纱织造的平纹布衬衣裤外，其余十件都是丝织物，多为五枚缎纹组织的单层织物，也有妆花织物。其中包括织金麒麟、天鹿补服两件，均为右衽宽袖，一件为素缎地，胸背正中为正方形补子，上用片金织麒麟，四周配以如意云、灵芝、牡丹、海水江山等；另一件为四合云暗花缎地，正中为天鹿补，上用片金织天鹿，四周配以海水、山崖、灵芝、松竹梅，以及方胜、万卷书、银锭、珊瑚、古钱、犀角、如意笔锭等杂宝纹，另外，还有百褶裙服四件，交领右衽，腰部褶折如裙状，分别以水底云纹、四合云纹、落花流水及珊瑚钩藤纹等作图案；右衽交领的短长袖袍服四件。在徐俌妻朱氏墓中，则出土了用片金织成的缠枝牡丹纹女上衣一件。这座墓中最为重要的是两件补子，这是出土较早的明代补子，为研究明代中期丝织纹样及服饰制度等提供了珍贵的实物资料[6]。

再迟一些的是湖北广济发现的一座明正德十四年（公元1519年）的夫妻合葬墓。墓主人张懋棺内出土丝织衣物二十五件，其中以锦缎衣服为多。此外，还有一些棉织品。张懋妻何氏棺内还出土精美的凤纹刺绣[7]。

北京夏儒墓、江苏徐俌墓及湖北张懋墓出土的纺织物，为我们提供了明正德年间（公元1506～1521年）的纺织品实物。

明嘉靖时期（公元1522～1566年）的纺织品出土较多，见诸报道的又以江苏最多，相继有泰州徐蕃墓、刘湘墓，镇江钱一斋墓，靖江明墓，武进王洛家族墓等。此外，江西德安熊氏墓也属于嘉靖时期。

1981年和1988年，江苏泰州先后发掘了三品官徐蕃墓和处士刘湘夫妇合葬墓。前者棺内包尸花缎及随身衣物共八十余件，保存完好，色彩鲜艳，大多为丝织品，后者墓内出土衣物五十六件。两墓出土的主要面料有暗花缎、暗花绸、暗花纱、素缎、素绸、棉布等，尤以五枚二飞的暗花缎为多。纹饰多为四合如意云折枝莲花、牡丹、梅花、菊花、凤凰、落花流水纹，花间饰有蝴蝶、蜻蜓、八宝等。两墓出土的服饰种类也非常齐全，凡是生前所需的各种款式的衣服、腰带、冠帽、方巾、风帽、手套、靴、鞋、袜、衾、枕及专用于殉葬的福寿巾，一应俱全。徐蕃墓出土的驼黄色暗花缎地缀孔雀纹方补袍，其款式为盘领、大襟右衽、宽袖、左右开裾，面料为驼黄色四合如意云八宝纹暗花缎，云纹横向排列，间以八宝（方胜、火珠、金锭、银锭、珊瑚、如意头、双犀角、蕉叶）。孔雀纹的方补以平纹绢为地，以平针、正戗、反戗、套针、接针、刻鳞等传统针法绣成。其中最可贵的是利用三种不同的绣线，分别绣花纹的不同部位，如以劈绒线绣深浅不一的云纹，以衣线（即双股合捻）绣孔雀的翅膀；以铁梗线（即以马鬃为芯、外缠丝线）绣孔雀各部位的轮廓，使之具有立体感，绣好后，再将底料剔掉，最后缀在袍服上，称为缀绣，这种技法较为少见。徐蕃妻的驼黄色地麒麟纹织金缎补服，款式与刘湘妻的棕色地狮子纹织金缎补服一样，补子的面料都为织金缎，即在两幅素缎地上，以金线织出麒麟狮子纹，裁剪后拼合缝制，即成为完整的补子。徐蕃妻的驼黄色暗花缎地缀仙鹤纹补服与刘湘妻的驼黄色地麒麟纹织金缎补服的款式相同，都为交领、左右开裾短袍，这种短款式的补服为妇女服用。徐蕃妻的补服面料也为暗花缎，地组织为五枚二飞，花纹为折枝牡丹、菊花、八宝，间饰以朵花和小蜜蜂，方补缎地，以彩色纬线织出上下对飞的仙鹤，是用挖梭技术织造的妆花缎[8]。

据地方志记载，徐蕃官至工部右侍郎，为正三品文官。按洪武二十四年（公元1391年）的规定，其死后身着孔雀补服，与当时定制相符。徐蕃妻随葬官服应随夫服用补服，而她入殓时却穿着织有麒麟、仙鹤的补服，刘湘妻虽为处士之妻，却身着织狮子及麒麟补服，显然都与各人身份不符。明代补子自明初到晚期曾多次更定，特别是中后期，违制现象屡有发生，尤其是武官。这两座墓的现象可能正说明了当时逾制的严重。

1997年，在江苏武进发现两座明代王洛家族墓，出土了七十多件保存完好的丝棉织品。M1a墓主王洛卒于正德七年（公元1512年），为正三品。M1b为王洛之妻，卒于嘉靖十九年（公元1540年）。M2a号墓主王昶卒于明嘉靖十七年（公元1538年）。M2b为王昶原配华氏，先于其夫而卒，当为嘉靖早期。M2c为王昶继室，晚于其夫而亡，当属嘉靖晚期。织物主要出自属于嘉靖时期的墓葬中[9]。

四墓中出土的衣料曾经高汉玉和屠恒贤等学者的鉴定。鉴定认为，出土织物中以棉、丝为主，丝织品居多，且有珍贵品种，有平纹组织的纱、绉纱、绢、縑，斜纹组织的绮、花绫（同向、异向），缎组织的素缎、花缎，织金中有捻金线或片金线织成的补子和金襕等，勾编叠花贴绣等。特别是所谓的勾编叠花贴绣，赵丰称为环编绣，英文作 Needle looping。目前，国外有一群学者将此类刺绣的出现和流行定在元代，而此件环编绣品是目前所知唯一一件有明确出土地点、年代不晚于嘉靖十七年的实例（图四八）。结合这一考古实物的发现，赵丰将现有收藏于世界各地的环编绣进行了一次重新整理，将其分类

图四八　江苏武进王洛家族墓出土环编绣

并分期，最后得出环编绣起源于蒙元时期、成熟并流行于明代、终止于清初的结论[10]。

王洛家族墓中的服饰种类也非常齐全，有袍、绵袄、夹袍、单衫、夹裙、绵裙、绵裤、额帕、帽、袜、靴、香袋、带等，花缎织金狮子补服、花缎织金孔雀补服、织金襕折褶单裙等是其中的精品。花纹图案也丰富多彩，有代表文、武官职的孔雀、狮子补子，大小四合如意云纹，古钱、银锭、犀角、珊瑚枝、卍字、方胜、叠胜、火球、万卷书等各种杂宝折枝花纹，华盖、宝瓶、法轮、八吉等佛吉祥纹，蜜蜂、梅、莲、菊、芙蓉四季丰登纹，蝶恋花、落花流水、天华团凤等吉祥如意纹饰。其中大部衣饰的纹样与泰州徐蕃夫妇墓相同。

1991 年，江西德安熊氏墓也出土了一批丝、麻、棉织品。熊氏卒于嘉靖十六年（公元 1537 年），墓中出土三十七件棉织品，包括百褶连衣裙（裙袍）、褶裥连衣裙、粗布被、裹脚布、袜；二十二件丝织品，有酱色绸裙袍、缎地练鹊补服、脚套、丝绵被、褐色提花罗面丝夹被；九件麻织品，有对襟衣、裙以及丝麻交织的裙、棉袄等[11]。

1993 年，上海肇嘉浜路打浦桥发现七座明代浇浆木椁墓，其中 4 号墓系嘉靖年间被召为御医的顾定芳夫妇墓，其余各墓年代也应在其前后。各墓出土了大量玉雕，但同时也有大量丝织服饰出土，但可惜的是没有关于丝织品的详细资料发表[12]。

明神宗万历帝在位时间最长，因此，万历年间（公元1573～1620 年）的纺织品出土也相对最多，除前述江西南城益王墓之外，江苏、四川、贵州及江西其他地方均有发现。

1980 年，贵州省博物馆在思南万胜山顶发掘了明万历三十年（公元 1602 年）张守宗夫妇墓，其中出土了一批纺织品。据简报报道，该墓出土的纺织品数量、品种较多，虽历经三百七十多年，但基本没有褪色，花纹仍然清晰。这批丝织品有衣服、裙、袖套、鞋等各种服饰三十七件，被子十三件，其他织物十一件，质地主要有绢、罗、纱、绫、绸、纺、缎等，花纹有卍字纹、流云如意、折枝牡丹、松竹梅、螭虎方胜、流云天鹅、如意小花、麒麟芝草、莲塘鹭鸶、荷花小鸟、回纹、缠枝牡丹等。服饰种类有浅褐流云天鹅纹绢对襟半袖单衣、谷黄素缎交领单衣、浅褐螭虎方胜纹绸交领单衣、驼色松竹梅缎交领单衣、灰黄素缎交领单衣、驼色云纹暗花缎交领夹衣、驼色素缎交领夹衣、姜黄暗花绸交领袄、驼色素缎对襟半袖袄、驼色素纺交领夹衣、檀色素缎交领夹衣、浅檀色素纺交领夹衣、驼色螭虎方胜暗花缎交领夹衣、姜黄如意小花绢交领夹衣、谷黄菊花回纹缎裙、黄卍字牡丹纹绢裙、浅黄折枝牡丹纹绢裙、驼色螭虎方胜暗花缎裙、浅檀素缎裙、姜黄松竹梅绢裙、茶色麒麟芝草莲塘鹭鸶罗裙、浅茶素纺裙、藕色回纹缎裙、茶色牡丹花缎鞋、浅褐素纺袖套、驼色朵花小鹿缎衣袖、米色素纺纱裹脚、驼色荷花白鹭缂丝袖套、米色素纺纱巾、烟色朵花"良货通京"缎巾、烟色海马"黎凤庵记"缎巾、浅褐素纺纱巾、谷黄素纺纱巾、茶色素纺纱巾、茶色牡丹暗花缎单被、茶色素纺单被、姜黄素缎单被、绛色流云如意龟背纹缎夹被、浅绛色菱花牡丹回纹缎夹被、浅黄平安如意缎夹被、浅褐隐条纹绸夹被、谷黄素缎夹被、浅褐素纺香袋、浅绛如意流云纹缎香袋和茶色素纺围幔等。丝织品中比较珍贵的一件是驼色荷花白鹭缂丝袖套，袖套分两段缝制，上段系平纹地驼色卍字纹缎，下段为单色缂丝，图案为荷花、白鹭，缂丝两头镶金边。墓中还出土了产自思南本地棉织品十七件。墓中未发现官服，出土的纺织品带有明显的民间纺织工艺特点。由于目前我国出土的明代纺织品多系官营作坊产品，此墓出土的文物为研究明万历时期的民间纺织业提供了实物资料[13]。

1966 年，苏州虎丘发现明万历四十一年（公元 1613 年）王锡爵合葬墓。王锡爵是万历时的名臣，官至太子太保、吏部尚书、内阁首辅，后来辞官归田，死后赠太保谥文肃公，身世极为显赫。墓中出土用麻布作里的黑素绒面忠靖冠、斗牛补服、云纹暗花缎便服、卍字如意纹丝绵女绸服、如意纹黄缎面白布底男鞋、百蝶图案黄色绸帐、凤穿牡丹纹小缎枕、回纹地缠枝牡丹纹黄色小绸被和绿地银箔纬线莲花纹锦衾等。这批丝织品中有绸、缎、绒、锦、缂丝等，其中最为珍贵的是用黑绒制作的忠靖冠，这是目前所知最早的真正的起绒织物[14]。

1959 年，江西广丰郑云梅墓出土一批丝绸服饰，共计十三件，大致分为官袍、便服、背子和道服四类。官服六件，其中一件为黄地小折枝牡丹花缎圆领大袖袍，前胸和后背各有锦绣补子一对，补子为金银线作斜方格锦地，以棕色绒线绣白鹏、祥云等，其余五件分别为黄地大缠枝牡丹花绸袍、黄地大缠枝牡丹花绫袍、黄地斜云雷纹绫袍、黄地折枝牡丹花缎袍、黄地吉祥云纹缎袍等，但补子已佚。便服五件分别是咖啡色地斜卍字地菊花绸缎交领大袖服、黄地素粗绸夹衣、黄地小缠枝牡丹花缎单衣、黄地斜云雷纹绫单衣、黄地山字云纹卍字纹绸单衣，背子一件为深藏青素地缎直领对襟大袖夹衣。此外，还有一件深藏青素地纱交领大袖的道服。据出土墓志载，墓主为曾任广东韶州司理、改知象州、最后解组而归的郑云梅，葬于万历甲寅年（公元 1614 年）[15]。

1988 年，江西广昌发掘的明布政使吴念虚夫妇合葬墓中又发现一批丝麻衣物，主要包括一件丝织黄缎补服，为吴念虚官服，胸背各有一方仙鹤图案补子；三件以苎麻作原料的麻织男女衬衣及男绸裤、绸裙各一件。根据墓志及《东园吴氏家谱》看，墓主吴念虚为隆庆时进士，最后官至福建布政使司，死于万历甲寅年，葬于天启元年（公元 1621 年）。因此，墓中所出各种纺织物主要还是万历年间的实物[16]。

万历年间纺织品的出土，还有 1997 年在福建晋江发掘的太学生丁炜夫妇墓的衣物，其中有用金丝组成的衣物的花边等。1960 年，在上海卢湾区大族潘氏墓出土了一顶乌纱帽及五块黄鹏补[17]。

另外，还有大量可明确定为明代，但无法确定具体时期的纺织品，如 1977 年浙江缙云卢氏墓出土的麒麟补服，广东东山明工部尚书戴缙夫妇墓出土的大量丝织品服装及鞋袜[18]。1978 年，苏州博物馆在虎丘清理一座明墓，随葬出土了十五件丝织品，其中有五件补服，除一件为素缎麒麟补子合领夹衫外，其余均为云纹素缎盘领右衽袍，三件为麒麟补，两件为孔雀补。只有一件孔雀补为彩绣，其余都织在衣服上，其中一件补子颜色为绀色。从补子纹样及补服款式、衣料、颜色等可推断墓主为四至三品官。此外，还有九件便服和一块花缎料，其中有交领右衽短袖单衫及单衫等。墓中出土的织物质地包括绫、罗、绸、缎、纱，以提花缎居多，花纹主要有夔龙纹、卍字纹、如意纹、缠枝四季花等明代常见的织物纹样[19]。

1980 年，福州市文物管理委员会在福州西禅寺发掘了明代户部尚书马森墓。墓内出土了二十三件色彩鲜艳、织造技艺高超的丝织品衣物，品种有纱、罗、绢、绫、缎、锦等，多数为提花丝织品，图案有云纹、水纹青龙、葫芦卍字、寿字、柳枝、石榴花等表示吉祥如意的纹样。该墓出土的仙鹤如意云纹织金锦补服非常珍贵。其纹样设计构思周密，色彩绚丽，显示了明代高超的织锦技艺。此属单插合提花织物，由如意云纹和仙鹤两部分组成，补子由两块织物缝制而成，构成完美的对鸟图案。补服背后还缝入两块用一绞一纱罗组织制织薄纱，用以保护抛纬。此外，还有一件海浪回纹直线幡穗纹织金锦裳，为纬二重提花丝织物，纹样设计巧妙。整个图案从下向上层层推进，下摆部分分量最重，且有祝颂、如意的含义。最上面为海浪菱形纹，构成四方连续纹；下面为三条花边，分别为灵芝变形图案及菊花纹和香草纹构成的二方连续图案、卍字回纹；裙摆则为幡穗纹样，有如意、古钱、宫灯、仙桃等构成满地纹图案。这批出土丝织品的具体年代不详，但从一个侧面反映了明代东南沿海丝织业繁荣兴旺的情况[20]。

（四）定陵纺织品的整理及研究

明代纺织考古中最负盛名的一项，无疑是万历皇帝定陵的发掘。

在北京昌平天寿山下十三陵周围的 40 平方公里范围内，埋葬着自成祖朱棣（即永乐帝）起至思宗朱由检（即崇祯帝）止的十三位皇帝，是明代除太祖孝陵之外所有皇帝的陵墓区。属于明十三陵之一的定陵是明代第十三个皇帝神宗朱翊钧（即万历帝）及孝端、孝靖两皇后的合葬墓。朱翊钧（公元 1563～1619 年）年仅十岁时即登基，在位四十余年，是明朝在位最久的皇帝。御极之初，首辅大学士张居正辅政，推行改革措施，经济出现繁荣景象。中后期怠于朝政，终年不视朝，使朝政日趋腐败。定陵早在其生前就开始营建，万历十二年（公元 1584 年）开工，历时六年才完成，耗银八百万两。陵墓建成时他二十八岁，到 1620 年才正式启用，陵墓整整闲置达三十年之久。

定陵为 1949 年以来首次主动发掘的帝陵，因此得到党和国家领导人的特别重视。1955 年，中国科学院院长郭沫若、文化部部长沈雁冰、中国科学院历史研究所第三所所长范文澜及明史专家、北京市副市长吴晗等六人，联名上书政务院（后改称国务院），请求发掘永乐帝朱棣的长陵。在周总理的直接关怀下，成立了长陵发掘委员会，委员包括文化部文物局局长郑振铎、中国科学院考古研究所所长夏鼐等，并组建以夏鼐的学生赵其昌为队长的考古工作队。发掘委员会经多次会商、勘察，最后确定在长陵发掘之前，先行试掘定陵。1956年5月，工作队进驻万寿山下的定陵，试掘工作正式开始。到1958年7月底，清理工作基本结束，历时两年零两个月。此次用考古的手段和科学的方法，以总计用工两万余个、耗资四十余万元的代价，使这座深藏三百六十余年的古老幽深的地下玄宫重见天日，出土文物近三千件[21]。

出土文物中最为引人注目的是六百四十四件帝后冠服织品。丝织品主要出自万历帝、孝端、孝靖后棺内，少数置于椁上，其中成卷的匹料和袍料就有一百七十七匹，花色品种齐全，包括锦、绫、罗、缎、纱、绸、绢、绒、改机、缂丝、刺绣十一大类。从用途来看，除匹料外，还有大批龙袍袍料，主要有柿蒂形的龙云肩通袖龙襕直身袍料（图四九），以及四团龙、八团龙补的交领龙袍料和前后方补的圆领龙袍料。定陵出土成件衣物类文物有四百六十七件，其中服饰三百八十五件，被褥三十四件，用品四十八件。出土的帝后服饰主要有衮服五件、龙袍六十七件、折褶袍一件、大袖衬道袍八件、中单四十件、裳一件、蔽膝两件、女衣一百三十四件、裤十一件、裙四十七条、童衣三件、大带和绶各七件、鞋十九双、靴五双、云履毡袜两双、膝袜二十双、袜一百四十一双、卫生巾一件等。

定陵出土的丝织品中最具时代特色的品种就是五彩缤纷的妆花。妆花织物有妆花缎、妆花纱、妆花罗、妆花绸四种。妆花运用不同色彩的纬绒作局部的挖花盘织，因此，施色极度自由，可以达到灵活妆彩、运梭如神的程度，往往一件织物上的花纹配色可达十几种、二十种。再加上多层次的"色晕"表现，变化丰富的手段，使花纹更为生动而逼真。定陵出土物是

图四九　北京定陵出土织金妆花柿蒂襕直身袍料衣袖纹样（线图）

目前所知最为丰富的妆花宝库,除了彩绒花纬妆花外,还有织金妆花、孔雀羽妆花等多种。以片金线、圆金线、孔雀羽毛织出的花纹,往往用彩绒包边,而以彩绒织出的花纹,则用金线包边,这使织物在外观效应上,金翠彩交相辉映,更具有皇家气派。

定陵出土御用织品的图案内容极为丰富,且构思巧妙,具有很高的艺术价值。其大致可分为五类。一是代表皇权、象征皇帝及皇后的龙凤纹,以此突出以龙为主体的皇权思想。皇帝袍料上就有过肩龙、直袖龙、柿蒂形内的二龙戏珠及团龙和龙襕等(图五〇)。由于龙纹所在部位不同,龙形呈现出各种姿态,或升或降,或行或止,无不表现出威武庄严、至高无上的神气,具有浓厚的宫廷艺术色彩。二是富有生气、造型饱满的各类花卉、动物。其中花卉多为象征福寿吉祥四季花的组合,如牡丹、菊花、莲花、芙蓉,图案构成以缠枝式最多。动物主要包括鹿、羊、猴、鱼、奔兔等,均有吉祥的含义。三以仙道宝物组成的图案,一般以八吉祥为多。四为人物,其中有秋千仕女纹、群仙祝寿、童子戏莲。最有名的就是罗地洒线绣百子衣(图五一)。五为古语文字或以谐音、寓意等虚实并举的手法组成的吉祥图案,如"喜"、"寿"、"万寿"、"洪福升天"等吉祥文字,以及用四只海螺和五只葫芦组成的"五湖四海",用江崖与卍字组成的"江山万代"等。此外,以卍字组成的几何曲水纹,被大量作为地纹,反映了最高封建统治者希望长久统治天下的思想。

定陵出土的冠服中最为出色的是万历皇帝的缂丝十二章衮服和孝端皇后的罗地洒线绣百子衣,体现了明代高超的缂丝和刺绣艺术水平。缂丝十二章衮服出土时带有绢制标签"万历四

图五〇 定陵出土织金妆花云龙纹纱匹料上的团龙纹样（线图）

十五年（公元1617年）……衮服"等字样，因此可以确定为
目前所见的最早、最完整的十二章衮服。衮服是皇帝祭天地、
宗庙等大典时所穿的礼服。这件衮服上衣下裳相连，里外三
层，以黄色方目纱为里，面为缂丝，中间衬层以绢、纱、罗织
物杂拼缝制，通体缂制而成。缂织的纹样以十二章和十二团龙
为主体，用孔雀羽、赤圆金钱及其他色彩的绒纬缂织，以蓝、
绿、黄等正色为主，配以间色，用色共达二十八种，是缂丝艺
术性与实用性的完美结合。洒线绣百子戏女夹衣也是一件无价

之宝。它的珍贵在于整件衣服是用刺绣工艺制成，衣上精致地绣有一百个童子，以此象征皇室子孙永世兴旺。百子衣的绣底是一绞一的直径纱，在方目纱底料上用衣线（三股合捻的丝线）以穿丝针法绣满地菱形图案作为地纹。这件百子衣是一件典型的明代宫廷绣品。

定陵发掘以后，引起了全国轰动，各地的专家纷纷来到定陵参观、观摩和研究定陵的出土物。北京的纺织品专家如陈娟娟、黄能馥，苏州和南京来的刺绣、缂丝、妆花专家，还有一部分志愿者如吴平，均投身到定陵的研究工作中来。但由于"文化大革命"，定陵的整理和研究被迫中断，大量资料散佚，定陵的发掘报告也一直没有出来。这种情况一直延续到 80 年代，社科院考古所才正式以王岩为主组成了定陵发掘报告的整理班子，定陵的王秀玲也参加了此项工作。经过多年的努力，报告终于在 1990 年出版[22]，其中王岩还对定陵所出丝织品进行了专门的整理[23]。

定陵的发掘解决了许多纺织史上的难点。以往的明代织物研究者通常只能在史料中或是在佛经封面等传世品上去寻找资料并加以考证，而定陵出土的大量匹料及袍服正好弥补了这一缺憾，因为这些出土物基本都可以从史料中找到相应的记载。特别重要的是，几乎所有出土的匹料上都保存有腰封，即两端印有云龙纹的墨书楷体长方形标签，上面记载着织品的颜色、名称、纹样、产地以及织染工匠和监造人姓名等。这不仅有益于对明代官营丝织业的织造技术和管理组织分工情况的研究，而且从这些极其珍贵的腰封中，我们同样可以找到《明实录》、《天水冰山录》等文献中记载的名称，从而解决了以前纺织史界关于纺织品种类的名实之争，如织成、缂丝等。

"织成"一词在我国古代出现很早，汉晋时已有记载。但织成究竟为何物，纺织史家对此各有不同的见解。而定陵出土的织成匹料有五十五匹之多，应该说比较符合"织而成之，不待剪裁之物"一说。出土腰封记载上的织成袍料即是一种正好能做一件袍服的匹料，而匹料上的袖、肩、袍上的纹样及其配合关系，在织前已经设计，在织时已经完成。出土织成衣料中的组织有平纹、斜纹、缎纹等，工艺有缂丝、妆花等，可见织成并不一定是一种组织，而是一种图案的分布形式，这就澄清了过去的一些猜测。

绛丝在我国古籍中也早有记载，但绛丝究竟是何种产品，记载中却含糊不清。定陵出土的一件匹料上的墨书腰封为"上用大红织金细龙绛丝一匹长……"，另有一条记为织金方龙绛丝的夹裤。经分析，此两种绛丝都采用熟丝织制，为五枚缎地组织，花纹部分织片金，可以证明"绛丝"实际上是明代对缎的一种称呼而已。在大多数情况下，绛丝与缎可以互称。

定陵中还有一件非常引人注目的出土物，即孝端后棺内出土的双面绒绣龙方补方领女夹衣，这是除苏州王锡爵墓黑绒忠靖冠之外唯一一件出土的明代绒织物。织物两面均有绒毛，而且绒毛较长，可以想象，织物的保暖性很强，是丝织品中的珍品。关于这件绒织物也引起了许多学者的关注，人们对其独特的织造方法进行了研究。此绒经纬丝都加捻，以平纹为地，绒毛作 V 字型单纬固结，纬丝是三根并合在一起的粗纬，这显然是为加强绒毛的固结。但织造时一种可能是采用两面用起毛杆法起绒而制织，另一种可能是在双层织物的基础上起绒，然后割开双层织物，上面的一层就得到双面绒，而下面一层则为单面绒。

对于明代出土纺织品的研究，考古工作者在纺织界学者的参与下，对出土实物进行了大量的分析鉴定，其中最为重要的是定陵出土实物的研究。定陵发掘之后，先后有北京故宫博物院、中央工艺美术学院、苏州丝绸工学院、北京纺织科学研究所等的学者参与了分析鉴定，内容包括纤维、组织结构和染料分析等。特别需要指出的是，南京云锦研究所、苏州刺绣研究所等花费了极大的精力，对墓中出土的各类纺织匹料和服饰进行了复制研究。其中的缂丝十二章衮服和刺绣百子衣的复制工作由苏州刺绣研究所承担，历时三年才获得成功。1979 年至1984 年，受定陵博物馆的委托，南京云锦研究所研究复制了三件妆花龙袍匹料，即妆花纱龙袍、妆花缎龙袍、十二团龙纹龙袍。汪印然所长在接受这一艰巨任务后，就带领所里的技师和高级研究员对文物进行了深入的研究。高级工艺师金文在认真分析了出土的袍料后认为，其纹样构成属彻幅通匹整体设计章法，即单位纹样的宽度横贯全幅，沿经向纵贯全匹的纹样几乎没有重复。这样的彻幅通匹大花纹提花织物，织造时需要的并不是宋应星《天工开物》所说的小花楼织机，而是流传至今的云锦大花楼织机。于是，南京云锦研究所特制了云锦大花楼织机，并经周密计算编制专用花本。妆花织造工艺极为复杂，关键工艺就是挑花结本。以妆花缎龙袍为例，匹长 12.11米，全匹 18378 梭，以每梭九个分色场次计算，结本的耳子线需 165000 多根，编结的花本长达 100 余米，工程量之大自不待言。这样大的花本要将整匹纹样科学分解后，运用拼花、倒花等工艺及板花织造成配合倒、顺花等方法来编结花本。这件龙袍依次编结了九个花本，织造板花时织完一个换一个。此外，龙袍对金银线、彩绒、孔雀羽等都有特别的要求和工艺。研究人员为了寻找锤打金箔的绝技，几度寻访，终于在南京郊区找到了明代打箔金工的后代，随即在该处建立了打箔作坊，恢复了用金箔包裹蚕丝的绝技。为了用金丝结合孔雀羽毛在透明显花的纱地织成永不变色、金翠交辉的龙纹，他们跑遍了全国的禽鸟养殖场和动物园，才汇集到一团孔雀羽。云锦所复制的明万历孔雀羽织妆花纱龙袍料，因真实再现了原作的风采，荣获全国工艺美术百花奖。

注　释

[1] 山东省博物馆《发掘明朱檀墓纪实》，《文物》1972 年第 5 期。

[2] 薛尧《江西南城明墓出土文物》，《考古》1965 年第 6 期。

[3] 江西文物工作队《江西南城明益宣王朱翊钶夫妇合墓葬》，《文物》1982 年第 8 期。

[4] 黄炳煜《江苏泰州西郊明胡玉墓出土文物》，《文物》1992 年第 8 期。

[5] 北京文物工作队《北京南苑苇子坑明代墓葬清理简报》，《文物》1964 年第 11 期。

[6] 南京市文物保管委员会《明徐达五世孙徐俌夫妇墓》，《文物》1982 年第 2 期。

[7] 文物编辑委员会《文物考古工作十年》(1979～1989 年)，文物出版社 1991 年版。

[8] 泰州市博物馆《江苏泰州市明代徐蕃夫妇墓清理简报》，《文物》1986 年第 9 期；泰州市博物馆《江苏泰州明代刘湘夫妇合葬墓清理简报》，《文物》1992 年第 8 期；李英华《从江苏泰州出土文物看明代服饰》，《东南文化》1995 年第 5 期。

[9] 武进市博物馆《武进明代王洛家族墓》，《东南文化》，1999 年第 2 期。

[10] Zhao Feng, The chronological development of needlelooping embroidery, Orientations, Hong Kong, Feb 2000.

[11] 江西文物考古研究所《江西德安明代熊氏墓清理简报》，《文物》1994 年第 10 期。

[12] 王正书《上海打浦桥明墓出土器》，《文物》2000 年第 4 期。

［13］刘恩元《贵州思南明代张守宗夫妇墓清理简报》,《文物》1982 年第 8 期。

［14］苏州市文物保管委员会《苏州虎丘王锡爵墓清理纪略》,《文物》1975 年第 3 期。

［15］秦光杰《江西广丰发掘明郑云梅墓》,《考古》1965 年第 6 期。

［16］广昌博物馆《明代布政使吴念虚夫妇合葬墓清理简报》,《文物》1993 年第 2 期。

［17］上海文物保管委员会《上海市卢湾区明潘氏墓发掘简报》,《考古》1961 年第 8 期。

［18］黄文宽《戴缙夫妇墓清理简报》,《考古学报》1957 年第 3 期。

［19］苏州博物馆《苏州虎丘明墓清理简报》,《东南文化》1997 年第 2 期。

［20］郭禀伯《明代户部尚马森墓出土丝织品的研究》,《丝绸》1985 年第 10～12 期。

［21］中国社科院考古研究所等《定陵》,文物出版社 1990 年版。

［22］同［21］。

［23］王岩《明定陵出土丝织品研究》,《中国考古学研究》,文物出版社 1986 年版。

七　古代纺织品的收藏与研究机构

（一）重要考古纺织品收藏

纺织考古在考古学中相对兴起较迟，考古纺织品的收藏则是随着纺织考古兴起而逐渐发展起来。目前，国内的考古纺织品收藏及研究均以各地的博物馆和考古研究所为主。现将主要收藏单位分地区介绍如下。

（1）北京地区

北京是我国的首都，也是中国考古机构的中心。中国社会科学院考古研究所除收藏部分商代青铜器上的附着丝织品外，其余参与主要发掘的长沙战国时期丝织品均已交中国国家博物馆珍藏。在中国国家博物馆中珍藏的还有中国西北考察团从丝绸之路采集的丝毛织物、陕西西安隋李静训墓出土的丝质绣鞋残片，以及从各地征集回来的历代丝织品。北京故宫博物院收藏的考古纺织品并不多，包括新疆阿拉尔出土的簇四雕团锦袍等等。

真正属于北京地区的纺织考古发现基本都收藏在首都博物馆，其中最为重要的是 1955 年海云和尚墓出土的蒙元时期纺织品，特别是其中的缂丝、刺绣和织金。其次，首都博物馆还收藏有苇子坑明代夏儒墓出土的部分丝绸服饰和北京地区其他明清墓葬中出土的丝绸服饰。其中的大部分均未经整理发表。这一地区另一著名的博物馆是定陵博物馆。它收藏有 1956 年定陵出土的大部分丝织品匹料和丝绸袍服，共计六百余件。由于出土时处理不当，丝绸保护状况不佳。

（2）内蒙古与东北地区

内蒙古和东北地区是契丹人、女真人和蒙古人生活的地区，因此，凡辽金及蒙元时期出土的纺织品，大多保存在这一地区。

内蒙古博物馆收藏有代钦塔拉出土的一批完整的辽代服饰，大部分保存完好，其中有著名的雁衔绶带锦袍；明水墓地出土的一批蒙元时期服装，包括织金锦袍、织金风帽、缂丝靴套等；还有一批元集宁路出土的窖藏丝织品，包括特大的格力芬织锦被和刺绣对襟罗衫。内蒙古文物考古研究所收藏有近年的考古发掘品，主要有宝山辽墓和耶律羽之墓出土的大量辽代丝织品，最为完整的是两件袍子，一是葵花对鸽妆花绫袍，另一件是团窠对凤妆金银锦袍。此外，内蒙古许多旗县博物馆也有非常精美的辽代丝织品收藏，这主要集中在内蒙古东部，如赤峰市博物馆收藏有赤峰地区解放营子等几座辽墓出土的丝织品；巴林右旗博物馆收藏有辽庆州白塔出土的重熙年间辽皇室供奉的丝织品，其中以夹缬制品和刺绣为主；巴林左旗也有不少收藏；阿鲁科尔沁旗有小井子辽墓等出土物；哲里木盟则以小努日木出土者为主。

辽代丝织物在辽宁省博物馆也有收藏，主要是法库叶茂台出土的辽代织物，虽未全部发表，但亦可知内涵十分丰富。此外，黑龙江省考古研究所收藏有阿城金墓出土金齐国王墓出土的完整服饰。

另外，值得一提的是旅顺博物馆。由于历史的原因，该馆收藏有日本大谷探险队从新疆地区发掘的不少唐代及回鹘时期的丝织品。

（3）西北地区

新疆地区是丝绸之路的所经之地，再加上其地气候比较干燥，因此是纺织考古和保存古代纺织品的主要地区。新疆博物馆收藏有 1959 年民丰尼雅遗址出土的如意锦袍、蜡染棉布及一些毛织品。另外，所有吐鲁番阿斯塔那与哈拉和卓墓地出土的自魏晋至唐代的纺织品也均保存于此。由于资料未完全发表，因此尚不知具体数量。1957 年阿拉尔木乃伊墓出土的主要服饰如对羊锦袍等，以及巴楚脱库孜沙来唐宋元遗址中出土的纺织品也主要收藏于该馆。新疆文物考古研究所主要收藏了近年出土的织物，有哈密五堡（距今 3200 年）出土的平纹和斜纹毛织品，扎滚鲁克出土的大量毛织物，洛浦山普拉出土的毛织物和丝织物。最为重要的是楼兰遗址、尼雅遗址和营盘遗址出土的大量极为精美的汉晋时期的丝织品，包括"五星出东方利中国"锦和人物树纹毛织物袍等，皆是丝绸之路纺织考古中的精品。新疆一些地县博物馆也有极丰富的考古纺织品收藏，如巴音郭楞蒙古自治州博物馆、和田地区博物馆等。

位于河西走廊上的敦煌也收藏了一些当地出土的丝织品，而甘肃省博物馆所藏更多，一是早年嘉峪关出土的织物，二是近年新收藏的唐代织物，三是漳县元代汪氏家族墓出土的丝织品。另外，还保存了一些明代墓葬中的服饰。宁夏考古研究所收藏有近代几座西夏佛塔中出土的丝织物，宁夏博物馆则收藏了西夏王陵陪葬墓出土的一些织物残片。青海省考古研究所发掘了都兰吐蕃墓地，其中出土的纺织品都收藏于该所，数量达几百件。但作为丝绸之路起点的西安，却没有真正丝织品的考古发现。陕西扶风法门寺地宫中出土的大量唐代皇家纺织品现在主要保存于陕西省考古研究所，少数部分陈列于法门寺博物馆。

（4）中原地区

由于地理环境的关系，中原地区出土和保存丝织品不多，除郑州市博物馆收藏有青台村遗址出土的最早的丝织物和黏附于红陶片上的苎麻、大麻布纹外，所知者主要为山东省。山东省博物馆保存有明鲁王墓出土的丝绸服装，邹城市文物管理委员会则收藏有李裕庵墓出土的元代丝织品及衣物。

长江以北的苏北地区也有几座收藏有丝绸文物的博物馆。连云港市博物馆收藏有尹湾出土的西汉时期的缯绣，泰州市博物馆收藏有 20 世纪 80 年代前后出土的三批明代服饰，包括徐蕃夫妇、刘湘夫妇和胡玉等墓出土的两百件明代官服、民服等，数量不少。

（5）江南地区

这一地区是中国历史上丝绸生产的重要地区，也是经济较为发达的区域，因此地下所存的纺织品数量不少，但时代总体较晚。大量的丝绸文物收藏于自南京至上海再至杭州一线的各市博物馆中。南京博物院收藏有 1974 年在吴县唯亭草鞋山遗址出土的罗纹葛布，铜山洪楼、泗洪曹庄、沛县留镇出土的纺织画像石，以及一批明代出土织物；南京市博物馆有明代徐俌墓出土的补子素缎常服等；镇江博物馆收藏有金坛南宋周瑀墓出土的丝织衣物及明钱一斋墓出土的如意云纹绫袍等；常州市博物馆收藏有南宋和明代丝织品；无锡市博物馆收藏有元代钱裕墓和其他一些明墓出土的丝织品；苏州博物馆收藏有虎丘塔、慧光塔等出土的五代至北宋时丝绸文物，元代晚期张士诚母亲曹氏墓出土的丝绸服饰，明万历时王锡爵墓出土的服饰，藏品颇丰；上海博物馆所藏纺织品不多，主要为上海市出土的明代丝绸服饰，包括 1993 年发现的嘉靖年间的顾氏家族墓和

1960 年出土的万历年间的潘氏家族墓等；浙江省博物馆收藏有 1977 年浙江余姚河姆渡遗址出土的一些纺织工具，以及 1958 年湖州钱山漾良渚文化遗址中发现的绢片、丝绳、丝带、苎麻布等，同时也有宋代和明代丝织品的收藏。

福建省博物馆收藏有 1978 年在崇安县（今武夷山市）武夷山崖墓船棺中发现的各类纺织品，更重要的是福州南宋黄昇墓出土的大量女性丝织衣物。另外，还有明代户部尚书马森墓出土的丝织品。福州市文物工作队收藏了茶园山南宋墓出土的丝织衣物，衣物保存极为完好。江西的情况与福建稍有相似之处。江西省博物馆收藏有贵溪崖墓出土的各类纺织品及若干纺织工具。同时，他们还收藏有不少明代益王墓和其他明墓中出土的纺织品及服饰。江西省一些地县博物馆也有丰富的丝绸收藏，如德安博物馆收藏南宋周氏墓和明代熊氏墓出土的一批丝织品衣物，而九江博物馆、新余博物馆等也皆收藏有大量明代纺织品和服饰。

（6）两湖地区

两湖地区的纺织考古以楚墓或西汉墓为主。荆州市博物馆收藏有江陵马山 1 号楚墓、包山大墓和江陵望山 1、3 号战国墓及江陵凤凰山 168 号西汉墓出土的一批战国及西汉初期的丝织品及衣物。湖北省博物馆也收藏有不少楚墓丝织物及曾侯乙墓出土的丝织品。湖南省博物馆中最为有名的收藏是马王堆汉墓出土的丝织品，所出丝绸的保存状况还相当完好。同时，它也保存了长沙地区战国墓如左家塘等出土的丝绸残片、衡阳何家皂出土的北宋年间的丝织品及一些明代丝织品。沅陵博物馆则收藏了当地出土的元代丝织品近百件。

其他地区的博物馆也有不少的纺织品收藏，如贵州省博物

馆收藏的明代织物、重庆博物馆收藏的元末明玉珍墓出土的织
物等，但相对比较分散。

（二）重要纺织研究机构与学者

研究纺织历史，一般多从实物出发，而研究纺织实物，一
般总在实物发现和收藏单位。新中国建立初期，我国研究纺织
文物的机构不多，基本上只是集中于中国科学院考古研究所和
北京故宫博物院。后来，一些收藏纺织品较多的机构也较为重
视这方面的研究。

中国科学院考古研究所所长夏鼐先生不仅是我国考古界的
泰斗，同时也是第一个用考古学研究方法来研究丝绸历史的学
者。1963 年，他在《考古学报》发表了《新疆新发现的古代
丝织品——绮、锦和刺绣》一文[1]，1972 年在《考古》上又
发表了《我国古代的蚕、桑、丝绸的历史》[2]和《吐鲁番新发
现的古代丝绸》[3]。这三篇论文以考古发现的古代丝绸为证
据，对其组织和纹样进行了详细的分析，并用现代纺织学的组
织图、上机图展示这些古代丝织品的结构和织制方法，使人们
从中得到这些出土文物确切而详细的技术资料。他还收集文献
中的有关记载，加以对比验证。这种将田野考古学与文献充分
利用的相互考证的研究模式，推动了中国丝绸科技史研究的发
展，成绩斐然，引起国内外的瞩目。夏鼐先生的另一特长是广
泛利用国外同行的研究资料和成果，当年最为重要的丝路学者
的著作他都曾加以引用。因此，他是第一个将丝绸之路和丝绸
文物结合起来研究的中国学者[4]。

在夏鼐所长的直接关怀下，考古所的王㐅和王亚蓉也就纺

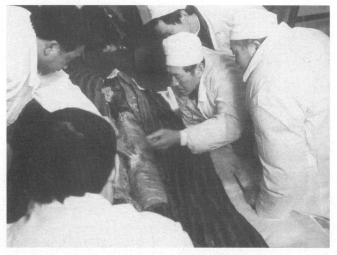

图五二　王㐨在江陵马山楚墓纺织品处理现场

织考古开展了大量的工作。王㐨的工作主要是考古中对纺织品
的保护，重大的纺织考古均与他们的工作密切相关。特别是在
20世纪七八十年代，长沙马王堆汉墓、江陵马山楚墓以及扶
风法门寺地宫中纺织品的处理和保护均是由王㐨主持进行
（图五二、五三）。同时，他们也对考古发现的纺织品进行了
大量的研究。除以上提及的三座纺织品大墓之外，他们对妇好
墓青铜器上织物印痕、满城汉墓和大葆台汉墓中的编织品、法
库叶茂台辽墓和黑龙江阿城金墓中的织物等，也都有较深入的
研究。80年代以后，他们跟随沈从文先生来到历史研究所创
办服饰研究室，王㐨一方面协助沈从文完成了《中国历代服
饰研究》及其增订版的工作[5]，一方面则较多地将精力集中
在纺织考古的研究中来，不仅是对纺织品和服装的研究，而且
还有对织机和印染工艺的研究。他实验复制了几乎所有吐鲁番
出土的唐代印染产品，同时也完成了对早期河姆渡织机的研究。

图五三　王㐨（左二）与陆柏（右一）、里布夫人（右二）合影

他是将纺织考古、纺织文物保护、纺织实验考古以及纺织技术史研究结合起来的唯一学者。在 1992 年荆州召开的中国服饰史研究会上，他被选为名誉会长。

由于清宫遗存有大量明清织物和服饰，故宫博物院丝绸文物研究工作也开展得较早。沈从文曾经在该院工作，培养了一批研究力量。魏松卿是其中资格较老的一位，在 20 世纪 60 年代初就曾发表论文讨论新疆阿拉尔出土的北宋锦袍等一批文物。此后就是陈娟娟女士，她潜心研究几十年，不仅对院藏明清织绣树立了绝对的权威，而且对出土的纺织文物也了如指掌。她不仅发表了《两件有丝织品花纹印痕的商代文物》和《新疆吐鲁番出土的几种唐代织锦》等纺织考古论文，而且还帮助考古单位如新疆考古研究所、湖南省博物馆和定陵博物馆等进行了大量鉴定。到了晚年，她和黄能馥教授一起对中国古代丝绸文物、服饰艺术作了系统的整理，出版了《中国美术全集·印染织绣》[6]、《中国服装史》[7]和《中华历代服饰艺术》[8]等书。除陈娟娟以外，北京故宫博物院的张宏源、李英华、高霭贞、张淑贤等也从不同角度对考古出土的纺织品进行过研究。

新疆地区由于出土了大量丝绸之路沿线的丝织品，从而形成了自己的研究力量，也形成了研究汉唐织物的一个中心。新疆博物馆的武敏从吐鲁番出土的纺织品起步，首先是对汉唐织物作了初步的归类，于1962年发表《新疆出土汉唐丝织品初探》一文[9]。在日后的学术生涯中，她的工作始终与丝织品连在一起，连续进行一系列的专题研究，如唐代印染、唐代夹缬、蜀锦研究等[10]，而且每篇均有鲜明的学术观点，最后汇成一部《织绣》巨著[11]。此书以新疆地区的纺织考古为主要素材，全面地叙述了中国织绣品的历史。与武敏同时代的新疆学者如贾应逸、王炳华等也为新疆纺织考古研究作出了贡献。贾应逸的《新疆丝织技艺的起源及特点》[12]一文及《新疆地毯史略》[13]一书也是研究新疆当地产品不可缺少的资料。新疆新生代的考古学者以考古所的李文瑛最为出色，她对营盘出土纺织品的研究，显示了在纺织考古研究方面的巨大潜力。

两湖地区是战国到西汉的纺织品考古的中心。通过对马山楚墓和马王堆汉墓的考古发掘，两湖地区也培养了一批人才。其中的代表者有荆州地区博物馆的彭浩和湖南省博物馆的熊传新、陈国安等。彭浩在完成对马山1号墓出土丝织品的考古报告后已成为一位不折不扣的早期丝绸研究专家。近年出版的《楚人的纺织与服饰》一书是对其这方面研究的一个小结[14]。陈国安凭借接触马王堆纺织品的便利之处，又得到王㐨先生的言传身教，对于一般的纺织品的保护和研究已是游刃有余。

在文物考古界之外，纺织界曾经有过几个重要的机构对中国的纺织考古作出过一定的贡献。他们都是在 20 世纪 70 年代末至 80 年代初发展起来的，大部分都参加过纺织工业部组织的《中国纺织科学技术史（古代部分）》的撰写[15]。他们为纺织科学技术史学科的建立奠定了基础，对纺织考古的各项工作都起到了推进作用。

纺织史研究在上海有两个基地，一是上海纺织科学研究院，二是中国纺织大学。前者以纺织文物测试和鉴定为主，后者以理论研究和教学为主。1972 年，长沙马王堆汉墓出土的文物轰动了国内外，国家文物局将出土纺织品的鉴定和分析研究工作委托纺织工业部落实。1973 年，在上海纺织科学研究院建立了由纤维、纺织、印染等八名专业人员组成的文物研究小组，花费了三年多时间，对出土的丝、麻纤维形态、织造品种、印染技术等测试数据、拍摄图片，第一次利用了现代科学技术对纺织文物进行了研究，特别是对绒圈锦等有重要价值的珍贵实物进行了深入的研究。文物出版社为此出版了《长沙马王堆一号汉墓出土纺织品研究》一书，获得国内外专家的好评[16]。在马王堆工作的基础上，上海纺织科学研究院以高汉玉为首的研究人员，一直没有中断纺织史的研究，出版了《纺织史话》[17]。高汉玉和包铭新主编的《中国古代染织绣图录》是当时最为精美的中国纺织品图录，被译成英、法等多种文字在世界上发行，受到极大欢迎[18]。在七八十年代，上海纺织科学研究院几乎成为我国考古纺织品的鉴定测试中心，他们分别为河南荥阳青台村出土的最早丝织品、河北藁城台西村商代遗址出土纺织品、北京琉璃河西周青铜器上的纺织品印痕，以及两湖地区若干春秋及战国墓，如望山楚墓和曾侯乙墓等出土的丝织品等进行了鉴定。

中国纺织大学原名华东纺织工学院，现称东华大学。1977年，当由纺织工业部陈维稷副部长主持《中国纺织科学技术史（古代部分）》一书的编撰工作时，华东纺织工学院是承担这一项目四家单位中的最主要一家（另三家为自然科学史研究所、北京纺织科学研究所、上海纺织科学研究院），设于此校的编委会办公室是这一项目的联络与执行机构，也是最后的统稿机构。学校组织了以周启澄为首的大量的研究人员，搜集研究全国各地的纺织文物，又查阅大量散见于历史文献中有关纺织的论述，寻访少数民族山寨较原始的纺织技艺，终于在1984年完成这一巨著并正式出版。这是我国第一部全面记述古代纺织科技发展过程、特点和规律的专著，也是纺织考古研究的成果汇集。该书后来又有全文英译本出版，并于1989年获得国家科技史著作一等奖。

在开展这一课题的同时，该校又开始招收、培养研究生作为纺织史研究的后继力量，徐国华、包铭新、张培高、屠恒贤等成为纺织科技史领域中最早的硕士。他们在日后的研究工作中，也为纺织史研究作出了较大的贡献。徐国华在南通纺织博物馆任副馆长，进行古代纺织理论的研究；包铭新在经过一段时间的纺织史研究后，发表了关于缎织物起源、暗花织物种类及发展等论文后，转向服装史研究，并在中国纺织大学招收服装史的研究生；屠恒贤则主要从事战国织造技术的研究，用多综多蹑机成功地复制了著名的舞人动物锦。后来，周启澄又开始招收纺织史的博士生，已为国内外培养了三名纺织史博士生，其中包括赵丰。

在北方的纺织科技史研究也有两个点。一是北京纺织科学研究所。他们也在中国纺织科学技术史研究中起到了重要的作用，所内刘柏茂、罗瑞林曾为一系列北方出土纺织品进行过文物鉴定，如陕西宝鸡出土西周织物印痕、辽宁朝阳出土西周织物等。特别是对定陵出土的丝织物，他们分析了双面绒，测定了染料植物黄檗，获得了较大的成果。二是自然科学史研究所。赵承泽先生的研究工作以古文考证为主，但也结合纺织文物，对早期纺织考古研究起到了很大的推动作用。

位于杭州的浙江丝绸工学院在纺织史研究中独树一帜，以古代丝绸研究为主。中国丝绸史研究的奠基人是朱新予，他是我国丝绸界的老前辈，曾任浙江丝绸工学院（今浙江理工大学）院长。他早在 60 年代就开始重视浙江丝绸史的研究。到 1980 年，他在浙江丝绸工学院组建丝绸史研究室，并亲自招收丝绸史研究生。他主持召开了 1983 年和 1986 年两次中国丝绸史学术讨论会，并在 1984 年创办丝绸史研究的专业学术刊物《丝绸史研究》。而他自 1985 年起主编的我国第一部丝绸史专著《中国丝绸史》，则是对中国丝绸考古及丝绸历史研究的一个总结[19]。

80 年代后期，纺织史研究的发展促进了一系列纺织类博物馆的建立和发展，这些专业和纺织博物馆成为收藏纺织文物、研究纺织考古、进行纺织历史教育的基地。

南京云锦研究所是我国最早建立的传统纺织研究机构，它一直进行传统云锦的生产，但在 70 年代时又进入了纺织考古和纺织史研究的领域。该所首先完成了定陵博物馆委托复制的明代万历帝的六件袍料和大量匹料，并成功复制了其他一些古代纺织品，1985 年被国家文物局确定为"中国古代丝绸文物复制基地"。同时，南京云锦研究所又开始收藏古代传世织物和少数民族织锦等，建立了织锦展览馆，在一定程度上具有博物馆的形式。类似的情况也发生在苏州刺绣博物馆，他们是在原来的苏州刺绣研究所和缂丝研究所的基础上组建的。

真正的纺织类博物馆目前有三家。最早建立的是南通纺织博物馆，但他们主要是以南通地方纺织生产历史为主，特别是以实业家张謇创办的大生纱厂系列为主进行陈列，与纺织考古有一定的距离。而苏州丝绸博物馆和建于杭州的中国丝绸博物馆则是进行纺织考古研究的主要力量。

苏州丝绸博物馆筹建于 80 年代末，创始人钱小萍先在唐寅祠借地，再在市中心人民路建新馆，并于 1991 年正式开馆。苏州丝绸博物馆的特点是以复制的形式进行古代纺织品的研究，前后共复制了江陵马山 1 号墓出土的战国"塔形纹锦"、新疆民丰出土的东汉"延年益寿大宜子孙"锦等不同时代的具有代表性的古代丝绸文物。为进一步推动古代丝绸文物的复制工作，该馆还在 1996 年成立了中国丝绸织绣文物复制中心，并召开了首届中国丝绸织绣文物复制国际学术研讨会。

相比之下，由朱新予先生倡议、建立并开放于 1992 年的杭州中国丝绸博物馆则是国内最大的纺织类专业博物馆。该馆以收藏、展示、研究古今丝绸为己任。副馆长赵丰是我国目前唯一的纺织史博士，在丝绸艺术史、古代织机发展史及丝绸之路等研究中已取得了一定的成果，发表了近百篇中英文纺织史论文，出版了《丝绸艺术史》[20]、《唐代丝绸与丝绸之路》[21]和《织绣珍品：图说中国丝绸艺术史》（英汉对照）[22]等书，还曾多次到欧美及东亚一些国家讲学和进行研究工作。目前，他开始在东华大学（原中国纺织大学）招收纺织史的博士研究生。在他的主持下，该馆自 1992 年以来已为江西新干出土商代青铜器上的附着丝织品，浙江省博物馆所藏越王剑和绍兴出土越王剑上的丝织品，陕西秦公1号墓出土丝织品，新疆尼雅出土丝织品，青海都兰出土唐代丝织品，内蒙古耶律羽之墓、赠卫国王墓、庆州白塔等出土的十余批辽代丝织品，江西德安南宋周氏墓和福州茶园山南宋墓出土织物，内蒙古明水墓出土蒙元时期丝织品，苏州张士诚母亲墓出土丝织品等进行了大量的鉴定及清洗、保护工作。该馆还成功复制了汉代斜织机、元代立机子、辽代雁衔绶带锦等项目。经国家文物局批准，该馆已于2000年建立了中国纺织品鉴定保护中心。

（三）中国纺织品在国外的收藏和研究

中国纺织品在国外的收藏颇丰，其中的考古类纺织品主要集中在英、法、德、俄等西方国家的重要博物馆中。私人收藏中国出土纺织品的数量近年有急剧上升的趋势。

收藏于俄罗斯圣彼得堡爱米塔什博物馆中的中国纺织品主要有四批，一批是出土于俄罗斯巴泽雷克的相当于公元前5至3世纪的中国织锦和刺绣，其风格与两湖地区出土的楚国织物完全一致；二是出自蒙古诺因乌拉匈奴墓中的中国丝织品，这批织物无疑也是从中国来的，其年代相当于西汉到东汉早期；三是出自敦煌藏经洞的相当于唐代的一批织物；四是当年科兹洛夫从中国境内的黑城遗址中盗掘去的大量西夏织物和元代织物。

爱米塔什博物馆中有不少专门研究中国艺术文化的学者，他们都曾对所藏中国织物进行过研究。鲁金科是最早的学者之一，曾对巴泽雷克出土物进行过研究。陆柏博士是该馆研究中国纺织品最为重要的一位学者，他长期和法国的里布夫人合作，发表了许多关于汉代织物的论文和专著。最为有名的专著是早年出版的《中国的丝绸与刺绣》，而近年出版的《丝绸之路上的中国》则是关于早期中国丝绸及丝绸之路的综述。陆柏还将研究的兴趣向魏晋南北朝及唐代延伸，《早期中世纪中国纺织品上的西方题材》一文中也涉及了其他零星的俄罗斯出土的中国唐代丝织品，如穆格山的出土物。爱米塔什博物馆的另一位纺织文物专家是安娜·耶鲁莎莱姆斯卡娅，她的专长是研究中世纪的纺织品，特别是对中亚地区出土的纺织品有较深入的研究，其中也涉及这一时期中国出土的或是中国生产的丝织品。

藏于柏林印度艺术博物馆的纺织品是勒柯克从吐鲁番回鹘时期的佛教洞窟里盗掘的，数量不少，但大多为公元9~10世纪的遗存。由于历史的原因，这批织物长期得不到整理和研究。近年，芭芭拉·斯劳特受印度艺术博物馆的委托对其进行了分析研究，但其结果的发表，尚有待时日。

斯坦因从中国西北地区带回的文物，主要收藏于印度新德里博物馆和伦敦大英博物馆，其中的纺织品的分布基本如此：属于汉晋时期即从楼兰和尼雅等地发掘的纺织品主要藏于印度，而从敦煌藏经洞出土的丝织品则藏于英伦。原则上，这些织物是藏于大英博物馆的，馆内甚至还有专门的斯坦因保存室。但由于维多利亚和阿尔伯特博物馆是英国最为重要的工艺美术博物馆，特别注重收藏纺织品，因此有一部分斯坦因的织物也收藏于该馆，包括敦煌、米兰等地出土的织物。

英伦三岛没有专门的中国纺织品研究专家，斯坦因带回的纺织品最初均委托他人进行研究，其中重要的是英国的安德鲁斯、瑞典的西尔凡女士和法国的普菲斯特等。他们写出了最初的研究报告。后来曾任职于大英博物馆的韦陀先生（现任伦敦大学亚非学院中国艺术史教授）对敦煌有特别的研究，同时对其中出土的丝织品也有非常深的理解。在其名著《敦煌千佛洞》以及《中亚艺术：大英博物馆藏斯坦因藏品》两书中均有对出土丝织品的详细研究。维多利亚和阿尔伯特博物馆的中国纺织品研究员卫尔逊女士虽然以晚期织品研究为主，但也曾对斯坦因藏品进行过介绍。

伯希和是一位出色的汉学家，但他并没有过多地关注纺织品。他带回法国的从藏经洞里出土的纺织品，主要收藏在巴黎的吉美博物馆。吉美博物馆并无专人研究纺织品，但在 60 年代，这批丝织物由里布夫人组织进行研究，具体的织物研究和分析则以法国著名纺织史学家维亚尔先生为主进行，最后的成果发表于《敦煌艺术》第 13 卷，于 1970 年出版。

对中国纺织品的研究来说，法国的里布夫人具有特殊的重要性。她是法籍印度人，爱好纺织品的收藏与研究。她在法国巴黎市中心创办了亚洲纺织品研究中心（AEDTA），一方面收藏东方纺织品，包括印度、日本和中国纺织品，但以中国部分最为出色；另一方面则组织人员进行研究。由于其特殊的身份，她得以接触到新德里国立博物馆所藏的斯坦因收藏品中的纺织品，从而开始了对中国汉代纺织品的研究。同时，她也多次访问俄国，与爱米塔什博物馆的陆柏先生合作，对诺因乌拉出土的纺织品进行了研究。后来，她又将兴趣转移到唐代敦煌织物，近年则是辽代和蒙古织物。在从事中国纺织品的研究生涯中，她已发表几十篇研究中国纺织品的专业论文，研究范围自汉到辽金，是一位不可多得的中国纺织品的爱好者和研究者。她与中国学者的联系与合作也开始甚早，早在 70 年代，便已经访问中国，并接受夏鼐先生的邀请在中国科学院考古研究所讲学。不幸的是，她因癌症去世，这是国际纺织史研究领域中的一大损失。

总部设在法国里昂的国际古代纺织品研究中心（CIETA）是国际上最高的古代纺织品学术机构。它有严格的组织原则，每一个入会者都必须有相当的学术水平。它在世界各地拥有两百多个个人会员、几十个团体会员，赵丰是目前唯一的中国会员。在这一中心里，有相当一部分学者都对中国纺织品具有浓厚的兴趣。前述法国里昂的维亚尔先生是 CIETA 的学术部长，曾经仔细研究过敦煌出土的中国织物，提出了 2 - 2 织法。加拿大的柏恩汉也对中国的织机，特别是织制汉代绒圈锦的织机进行了深入的研究，提出了绒圈锦是由挑花织机完成的观点，这一观点甚至影响了夏鼐先生晚年的学术思想。他对中国古代绒织物的研究，影响了整整一代人直至今天。丹麦的约翰·贝克先生则用织机实验了所有中国古代丝织品的重要类别，织制了汉代的平纹经锦、后来的斜纹经锦、唐代的斜纹纬锦、汉代的提花四经绞罗，而且还用 2 - 2 织法织出了一大批中国的绫绮织物。瑞典的乌拉博士自学中文，与南通纺织博物馆副馆长徐国华合作编写了中、英、法、瑞四国文字对照的中国古代纺织词汇。美国克利夫兰博物馆的华安娜女士以前专攻伊斯兰织物，近年也较多进行了辽代和蒙古时期丝织物的研究。

另一个以收藏和研究中国及亚洲纺织品为主要目的的团体是香港纺织品协会。该协会由高玛丽女士创办于 1991 年，由香港本地及世界各地的纺织品藏家和爱好者组成，但也有著名的中国纺织品学者加盟。协会于 1995 年举办"中国纺织品：

技术、设计和图案"国际学术讨论会，是最为成功的中国纺织品国际会议。与会议同时举办的"锦绣罗衣巧夺天工"展览，展出了以香港收藏为主的中国古代纺织品及辽宁省博物馆的部分收藏。许多国际知名的学者都出席了这次会议并作了演讲。这次会议和展览对推动中国纺织考古的研究和交流起到了相当大的作用。

　　研究中国纺织品及纺织技术史的外国学者重要的还有德国的库恩博士。他是李约瑟主编《中国科学技术史》中纺织卷的主笔，对中国科技史研究有着极深的功底。毕业于美国宾州大学的盛余韵博士也一直从事吐鲁番出土纺织品的研究，近年十分活跃。特别值得一提的是美国大都会博物馆的屈志仁先生，他早年学习物理，长期在香港从事中国艺术史的研究。自 1995 起，他开始研究中国古代纺织品，主攻蒙古时期，但也涉及六朝至唐辽宋金，一直到早明织物。他以大都会博物馆和克里夫兰博物馆合办"丝如金时"展览为契机，完成了对中国唐、辽、金、元纺织品的研究。其著作《丝如金时》也在同行间获得极大的好评。

注　释

[1] 夏鼐《新疆新发现的古代丝织品——绮、锦和刺绣》,《考古学报》1963 年第 1 期。

[2] 夏鼐《我国古代的蚕、桑、丝、绸的历史》,《考古》1972 年第 2 期。

[3] 夏鼐《吐鲁番新发现的古代丝绸》,《考古》1972 年第 2 期。

[4] 夏鼐《中国文明的起源》,文物出版社 1985 年版。

[5] 沈从文著、王㐨增订《中国历代服饰研究》(增订本), 商务印书馆(香港) 1992 年版。

［6］黄能馥《中国美术全集·印染织绣》，文物出版社 1986 年版。

［7］黄能馥、陈娟娟《中国服装史》，中国旅游出版社 1995 年版。

［8］陈娟娟、黄能馥《中华历代服饰艺术》，中国旅游出版社 1999 年版。

［9］武敏《新疆出土汉唐丝织品初探》，《文物》1962 年第 7～8 期。

［10］武敏《吐鲁番出土蜀锦的研究》，《文物》1984 年第 6 期。

［11］武敏《织绣》，台湾幼狮文化事业公司 1992 年版。

［12］贾应逸《新疆丝织技艺的起源及其特点》，《考古》1985 年第 2 期。

［13］贾应逸、张亨德《新疆地毯史略》，轻工业出版社 1984 年版。

［14］彭浩《楚人的纺织与服饰》，湖北教育出版社 1996 年版。

［15］陈维稷《中国纺织科学技术史（古代部分）》，科学出版社 1984 年版。

［16］上海市纺织科学研究院等《长沙马王堆一号汉墓出土纺织品的研究》，文物出版社 1980 年版。

［17］高汉玉《纺织史话》，上海科技出版社 1978 年版。

［18］高汉玉、包铭新《中国古代染织绣图录》，商务印书馆（香港）1986 年版。

［19］朱新予《中国丝绸史》（通论），纺织工业出版社 1992 年版；朱新予《中国丝绸史》（专论），纺织工业出版社 1997 年版。

［20］赵丰《丝绸艺术史》，浙江美术学院出版社 1992 年版。

［21］赵丰《唐代丝绸与丝绸之路》，三秦出版社 1992 年版。

［22］赵丰《织绣珍品：图说中国丝绸艺术史》，《艺纱堂/服饰》，香港，1999 年。

参 考 书 目

1. Vivi Sylwan, Investigation of Silk from Edson-Gol and Lop-Nor, Stockholm, 1949.

2. 中科院考古研究所《长沙发掘报告》，科学出版社 1957 年版。

3. E. Lubo-Lesnichenko, Ancient Chinese Silk Textiles and Embroideries, 5th to 3rd Century AD in the State Hermitage Museum（in Russia），Leningrad, 1961.

4. Krishna Riboud and Gabriel Vial, Tissus de Touenhouang, Paris, 1970.

5. 新疆博物馆出土文物展览小组《丝绸之路——汉唐织物》，文物出版社 1972 年版。

6. 湖南省博物馆、中国科学院考古研究所《长沙马王堆一号汉墓》，文物出版社 1973 年版。

7. 高汉玉《纺织史话》，上海科技出版社 1978 年版。

8. ［日］布目顺郎《養蚕の起源と古代絹》，雄山阁 1979 年版。

9. 上海市纺织科学研究院等《长沙马王堆一号汉墓出土纺织品的研究》，文物出版社 1980 年版。

10. 中国科学院考古研究所满城发掘队《满城汉墓发掘报告》，文物出版社 1980 年版。

11. 中国社科院考古研究所《殷墟妇好墓》，文物出版社 1980 年版。

12. Roderick Whitfield, The arts Of Central ASia：The Stein ColleCitOn in the BritiSh Museum, Kodansha international Ltd, Tokyo, 1982.

13. 蒋猷龙《家蚕的起源与分化》，江苏科技出版社 1982 年版。

14. 福建省博物馆等《福州南宋黄昇墓》，文物出版社 1982 年版。

15. 陈维稷《中国纺织科学技术史（古代部分）》，科学出版社 1984 年版。

16. 贾应逸、张亨德《新疆地毯史略》，轻工业出版社 1984 年版。

17. 夏鼐《中国文明的起源》，文物出版社 1985 年版。

18. 湖北省荆州地区博物馆《江陵马山一号楚墓》，文物出版社 1985 年版。

19. 夏鼐《中国文明的起源》，文物出版社 1985 年版。

20. 朱新予《浙江丝绸史》，浙江人民出版社 1985 年版。

21. 黄能馥《中国美术全集·印染织绣》（上、下），文物出版社 1986 年版。

22. 高汉玉、包铭新《中国古代染织绣图录》，商务印书馆（香港）1986 年版。

23. 王岩《明定陵出土丝织品研究》，《中国考古学研究》，文物出版社 1986 年版。

24. 河南省文物研究所《信阳楚墓》，文物出版社 1986 年版。

25. ［英］斯坦因《斯坦因西域考古记》（向达译），上海书店 1987 年版。

26. 中国社科院考古研究所《殷墟发掘报告》（1958～1961 年），文物出版社 1987 年版。

27. 大葆台汉墓发掘组等《北京大葆台汉墓》，文物出版社 1989 年版。

28. 中国社科院考古研究所等《定陵》，文物出版社 1990 年版。

29. Lotus Stack, The Pile Thread, Carpets: Velvets, and Variations, The Minneapolis Institute of Arts, 1991.

30. 文物编辑委员会《文物考古工作十年（1979～1989 年)》，文物出版社 1991 年版。

31. 湖北荆沙铁路考古队《包山楚墓》，文物出版社 1991 年版。

32. 盖山林《阴山汪古》，内蒙古人民出版社 1991 年版。

33. 《西汉南越王墓》，文物山版社 1991 年版。

34. 沈从文著、王㐨增订《中国历代服饰研究》（增订本），商务印书馆（香港）1992 年版。

35. 武敏《织绣》，台湾幼狮文化事业公司 1992 年版。

36. 朱新予《中国丝绸史》（通论），纺织工业出版社 1992 年版。

37. 赵丰《丝绸艺术史》，浙江美术学院出版社 1992 年版。

38. 赵丰《唐代丝绸与丝绸之路》，三秦出版社 1992 年版。

39. 黄能馥、陈娟娟《中国服装史》，中国旅游出版社 1995 年版。

40. 彭浩《楚人的纺织与服饰》》湖北教育出版社 1996 年版。

41. ［瑞］斯文·赫定《丝绸之路》（江红等译），新疆人民出版社 1996 年版。

42. 彭浩《楚人的纺织与服饰》，湖北教育出版社 1996 年版。

43. 朱新予《中国丝绸史》（专论），纺织工业出版社 1997 年版。

44. James Watt and Anne Wardwell, When Silk Was Gold: Central Asian and Chinese Textiles, The Metropolitan Museum of Art, 1997。

45. ［日］大谷光瑞等《丝路探险记》（章莹译），新疆人民出版社 1998 年版。

46. 黄展岳《考古纪原：万物的来历》，四川教育出版社 1998 年版。

47. 新疆维吾自治区文物局等《丝路考古珍品》，上海译文出版社 1998 年版。

48. 赵评春等《金代服饰：金齐国王墓出土服饰研究》，文物出版社 1998 年版。

49. Elizabeth Wayland Barber, The Munnies of Urumchi, Norton, 1999, New York.

50. 周迪人、周旸、杨明《德安南宋周氏墓》，江西人民出版社 1999 年版。

51. 赵丰《织绣珍品：图说中国丝绸艺术史》，《艺纱堂/服饰》，香港，1999 年。

52. 陈娟娟、黄能馥《中华历代服饰艺术》，中国旅游出版社 1999 年版。

53. 福州市文物管理局《福州文物集粹》，福建人民出版社 1999 年版。

54. 新疆文物局等《新疆文物古迹大观》，新疆美术摄影出版社 1999 年版。

55. 赵丰《辽代丝绸》，沐文堂美术出版有限公司（香港）2004 年版。

56. 赵丰《中国丝绸通史》，苏州大学出版社 2005 年版。

封面设计/ 张希广

责任印制/ 陈 杰

责任编辑/ 王 戈

图书在版编目（CIP）数据

纺织考古/赵丰，金琳著．–北京:文物出版社，

2007.1

（20世纪中国文物考古发现与研究丛书）

ISBN 978－7－5010－1825－3

Ⅰ.纺… Ⅱ.①赵…②今 Ⅲ.纺织品-考古-

中国 Ⅳ.K875.2

中国版本图书馆 CIP 数据核字（2005）第 131740 号

20 世纪中国文物考古发现与研究丛书

纺 织 考 古

赵丰 金琳/著

文 物 出 版 社 出 版 发 行

（北京东直门内北小街 2 号楼）

http：//www．wenwu．com

E－mail：web@ wenwu．com

北京市达利天成印刷装订有限责任公司

新 华 书 店 经 销

850×1168 1/32 印张：7.375 插页：1

2007 年 1 月第 1 版 2007 年 1 月第 1 次印刷

ISBN 978－7－5010－1825－3 定价：28 元